Christopher Funk

Mobile Softwareanwendungen (Apps) im Gesundheitsbereich

Entwicklung, Marktbetrachtung und Endverbrauchermeinung

SCHRIFTENREIHE MASTERSTUDIENGANG CONSUMER HEALTH CARE

herausgegeben von Prof. Dr. Marion Schaefer

ISSN 1869-6627

8 *Judith Rommerskirchen*
Die Arzneimittelrabattverträge der gesetzlichen Krankenversicherungen
Eine Studie über Probleme bei ihrer Umsetzung an der Schnittstelle von Arzt und Apotheker
ISBN 978-3-8382-0253-2

9 *Verena Purrucker*
Möglichkeiten und Grenzen von Franchisesystemen in der zahnärztlichen Versorgung in Deutschland
ISBN 978-3-8382-0186-3

10 *Stefan Prüller*
Risiken und Nebenwirkungen auf der Spur
Konsumentenberichte über unerwünschte Arzneimittelwirkungen als Chance für Krankenkassen
ISBN 978-3-8382-0318-8

11 *Denny Lorenz*
Development of a Standard Report for Signal Verification on Public Adverse Event Databases
ISBN 978-3-8382-0432-1

12 *Kerstin Bendig*
Risikomanagement in der Arzneimittelsicherheit
Ansätze zur Effektivitätsbewertung von Risikominimierungsmaßnahmen in den USA und Europa im Vergleich
ISBN 978-3-8382-0438-3

13 *Dirk Klintworth*
Reporting Guidelines und ihre Bedeutung für die Präventions- und Gesundheitsförderungsforschung
ISBN 978-3-8382-0448-2

14 *Judith Weigel*
Schwangerschaft bei Frauen mit und ohne Autoimmunerkrankungen
Ein Vergleich hinsichtlich der mütterlichen Charakteristika und des Ausgangs der Schwangerschaft
ISBN 978-3-8382-0468-0

15 *Christopher Funk*
Mobile Softwareanwendungen (Apps) im Gesundheitsbereich
Entwicklung, Marktbetrachtung und Endverbrauchermeinung
ISBN 978-3-8382-0493-2

Christopher Funk

MOBILE SOFTWAREANWENDUNGEN (APPS) IM GESUNDHEITSBEREICH

Entwicklung, Marktbetrachtung und Endverbrauchermeinung

ibidem-Verlag
Stuttgart

Bibliografische Information der Deutschen Nationalbibliothek
Die Deutsche Nationalbibliothek verzeichnet diese Publikation in der Deutschen Nationalbibliografie; detaillierte bibliografische Daten sind im Internet über http://dnb.d-nb.de abrufbar.

Bibliographic information published by the Deutsche Nationalbibliothek
Die Deutsche Nationalbibliothek lists this publication in the Deutsche Nationalbibliografie; detailed bibliographic data are available in the Internet at http://dnb.d-nb.de.

Umschlaggestaltung: Steffen Kögler

∞

Gedruckt auf alterungsbeständigem, säurefreien Papier
Printed on acid-free paper

ISSN: 1869-6627

ISBN-13: 978-3-8382-0493-2

Printed in Germany

Zusammenfassung

Durch die zunehmende Verbreitung von Smartphones und die damit einhergehende Nutzung mobiler Softwareanwendungen (Apps) erhält ein stetig wachsender Nutzerkreis Zugriff auf Gesundheits-Apps. Diese bieten dem Nutzer Anwendungen, die der Aufrechterhaltung oder Erreichung eines erstrebenswerten Gesundheitszustandes dienen. Trotz erster studienbelegter Wirksamkeitsnachweise einiger Apps finden sie bislang kaum Anwendung im Rahmen der etablierten Gesundheitsversorgung und befinden sich mangels klarer Richtlinien in einer regulatorischen Grauzone. Diese Studie untersucht zunächst anhand einer datenbankbasierten Auswertung der von Apple veröffentlichten populärsten Apps im Apple App Store Deutschland in den Kategorien „Gesundheit und Fitness“ sowie „Medizin“ die Marktstruktur der am häufigsten nachgefragten Gesundheits-Apps. Ergänzend wird mit einer Online-Befragung die Einstellung der Endverbraucher zu diesem Thema untersucht. Unter den analysierten Apps überwiegen solche, die primär der Gesunderhaltung dienen und dies mit Aufzeichnungs- und Auswertungsfunktionen erreichen. Die Auswertung der Befragung ergibt, dass ein positives Bild von Gesundheits-Apps beim Endverbraucher vorherrscht und er Ärzte und gleichermaßen betroffene Personen als glaubwürdigste Empfehlungsquellen ansieht. Die Untersuchung legt nahe, Gesundheits-Apps stärker in das Gesundheitssystem einzubinden und eine Kostenerstattung wirksamer Apps durch Kostenträger anzustreben.

Inhaltsverzeichnis

Abkürzungsverzeichnis

AAS	Apple App Store
ASB	Arbeiter-Samariter-Bund
BITKOM	Bundesverband Informationswirtschaft, Telekommunikation und neue Medien e.V.
BMI	Body Mass Index
BMR	Basal Metabolic Rate
CT	Computertomographie
DRK	Deutsches Rotes Kreuz
FDA	US Food and Drug Administration
GOÄ	Gebührenordnung für Ärzte
GSMA	Global Standard of Mobile Telecommunication Association
IAP	In App Purchasing
ICD	International Classification of Diseases
MHRA	Medicines and Healthcare products Regulatory Agency
MRT	Magnetresonanztomographie
PHR	Personal Health Record
PKV	Private Krankenversicherung
RSS	Really Simple Syndication
ZVEI	Zentralverband Elektrotechnik- und Elektroindustrie

Abbildungs- und Tabellenverzeichnis

1 Einleitung

Wir leben im „Jahrhundert des Patienten". So schreibt etwa Gigerenzer „The 21st century should become the century of the patient"[1], und Topol behauptet: „Medicine is about to go through its biggest shakeup in history. [...] You, the consumer, are going to be needed to make it happen."[2] Neue Initiativen wie „The quantified Self" verschreiben sich der Sammlung und Interpretation persönlicher Gesundheitsdaten.

Nach dem Jahrhunderte währenden paternalistischen Medizinverständnis von Ärzten und Patienten wird nunmehr verstärkt propagiert, dass sich der Patient seiner gesundheitlichen Bedürfnisse bewusst wird und aktiv auf seine Gesunderhaltung oder Heilung Einfluss nimmt: Er definiert seine Rolle neu und begibt sich bei Prävention und Therapie nicht länger ausschließlich in die Hände von Fachleuten, sondern übernimmt selbst Verantwortung. Der aufgeklärte Patient, der „empowered health consumer", der gesundheitsbewusste Endverbraucher – gleich wie man ihn nennt, er wird in Zukunft eine deutlich stärkere Rolle spielen als in der Vergangenheit. Dazu wird er sich auch neuer digitaler Werkzeuge und Medien bedienen.

Smartphone-Programme werden voraussichtlich zu diesen Werkzeugen zählen. Dass Apps und Gesundheit keine abwegige Kombination mehr sind, wurde spätestens während der größten Entwicklerkonferenz von Apple – der World Wide Developers Conference 2012 – deutlich. In der Keynote des Apple CEO, Tim Cook, wurden exemplarisch vier häufig eingesetzte Apps vorgestellt. Davon wiesen drei einen mittel- oder unmittelbaren Gesundheitsbezug auf.

Gesundheits-Apps sind damit ein neuer und aktueller Beleg für die unaufhaltsame Entwicklung des „Patient Empowerment". Apps mit

[1] Gigerenzer G., Better Doctors, Better Patients, Better Decisions, Envisioning Health Care 2020, S. 3

[2] Topol E., The Creative Destruction of Medicine, S. vi

Gesundheitsbezug wurden meist außerhalb traditioneller Gesundheitssysteme entwickelt: Die überwiegende Mehrheit dieser Apps entstand ohne Einbeziehung staatlicher Institutionen, Leistungserbringern oder Kostenträgern. Gesundheits-Apps existieren deshalb gewissermaßen parallel zu den etablierten Gesundheitssystemen, da weder auf Angebots- noch auf Nachfrageseite traditionelle Anbieter von Gesundheitsleistungen in diesem Markt aktiv sind. Entwickler und Konsumenten von Gesundheits-Apps haben vielmehr die Chance genutzt, ein vollkommen neues Marktsegment zu erschaffen, ohne dass besitzstandswahrende Einflüsse oder Partikularinteressen der angestammten Teilnehmer des Gesundheitssystems ihnen Hürden auferlegten.

Diese Parallelexistenz zu dem sogenannten „ersten Gesundheitsmarkt" bedeutet jedoch auch, dass bislang nur eine vergleichsweise kleine Gruppe überdurchschnittlich interessierter und engagierter Endverbraucher und Patienten von Gesundheits-Apps erfährt und durch ihren Einsatz profitiert. Die mangelnde Kenntnis vieler Patienten, die einen Vorteil aus der Nutzung dieser Anwendungen ziehen könnten, dürfte eine der zentralen Hürden für die Verbreitung von Gesundheits-Apps sein.

Abhilfe könnte die Integration von Gesundheits-Apps in das therapeutische Portfolio von Ärzten, Apothekern oder z.B. Physiotherapeuten schaffen, sofern für Fachkreise ein Nutzen ihrer Anwendung ersichtlich ist.

Schließlich könnte die stärkere Einbindung von Gesundheits-Apps in das therapeutische Maßnahmenspektrum dazu führen, dass sie nach strengeren Kriterien vorselektiert würden. Sowohl die Vielfalt existierender Gesundheits-Apps als auch das rasante Wachstum der kontinuierlich neu entwickelten Angebote machen es für Patienten wie Ärzte schwierig, den Überblick zu behalten.

2 Zielsetzung

Die vorliegende Studie beschäftigt sich mit zwei Fragestellungen. Zunächst wird der deutsche Markt für Apps mit Gesundheitsbezug exemplarisch anhand der am höchsten gelisteten Gesundheits-Apps eines App Stores analysiert. Zusätzlich soll die Einstellung von Endverbrauchern zu Gesundheits-Apps und potenziellen Empfehlungen durch Leistungserbringer oder Kostenträger im Gesundheitssystem eruiert werden.

Mit Blick auf diese beiden zentralen Fragestellungen werden eingangs die aktuellen Absatz- und Nutzungstrends von Smartphones dargestellt. Gleichzeitig werden die Aktivitäten zur verstärkten Integration von Gesundheits-Apps in das Gesundheitssystem anderer Länder diskutiert. Schließlich werden das wirtschaftliche Potenzial des globalen Gesundheits-App-Marktes und das zunehmend wichtigere regulatorische Umfeld für Gesundheits-Apps beleuchtet.

Im Kern zielt die Studie darauf ab zu verstehen, welche Gesundheits-Apps gegenwärtig besonders stark und häufig nachgefragt werden bzw. mit welchen Apps besonders hohe Umsätze erzielt werden. Ergänzend dazu soll die Bereitschaft des Endverbrauchers erfasst werden, Gesundheits-Apps zu nutzen und z.B. einer Arzt-Empfehlung für eine bestimmte Gesundheits-App Folge zu leisten.

Grundsätzlich geht der Verfasser dieser Studie davon aus, dass Gesundheits-Apps ein hohes Potenzial aufweisen, den Gesundheitszustand positiv zu beeinflussen. Diese Annahme basiert zu einem beträchtlichen Teil auf der Vermutung, dass das Smartphone durch seine permanente Nähe zum Nutzer eine für ihn einmalige, medizinisch nutzbare Kommunikations- und Interventionsplattform darstellt. Es wird außerdem unterstellt, dass Gesundheits-Apps bislang nicht annähernd in dem potenziell Nutzen stiftenden Umfang von Smartphone-Nutzern angewendet werden, sondern vor allem von überdurchschnittlich informierten und Innovationen gegenüber aufgeschlossenen Endverbrauchern („Early Adopters"). Als bedeutender

Hebel zur Ausweitung des Nutzerkreises wird eine verstärkte Einbindung in die bestehenden Strukturen des Gesundheitssystems betrachtet.

2.1 Marktüberblick

Als sogenannte Smartphones werden – in Abgrenzung zum klassischen Mobiltelefon (Featurephone) – mobile Endgeräte bezeichnet, deren Funktionalitäten deutlich über die reine Kommunikationsleistung hinausgehen.

Smartphones zeichnen sich dadurch aus, dass sie auf E-Mail-Server zugreifen, Inhalte aus dem Internet via Browser abrufen und Fotos sowie Videos aufnehmen und wiedergeben können. Darüber hinaus ermöglichen sie es, dass die Gerätehardware durch die Installation von Softwareprogrammen – sogenannten Apps (= englische Abkürzung für „Application“) – deutlich flexibler genutzt werden kann, als das bei herkömmlichen Mobiltelefonen der Fall ist.

Zu Beginn des Jahres 2012 lag laut Branchenverband BITKOM die Marktdurchdringung von Smartphones in Deutschland bei 34%[3], gemäß einer Berechnung des Analyseunternehmens comScore bei 37%[4] und auf Basis des Tomorrow Focus Media Panels bei 40%[5]. Während jedoch die unter 30-jährigen bereits zu 51% über Smartphones verfügen, liegt der Anteil der Nutzer im Alter von 50–64 Jahren erst bei 27% und bei den über 65-jährigen lediglich bei 6%.[6]

comScore zufolge werden bereits seit Januar 2011 in Deutschland mehr Smartphones als klassische Mobiltelefone abgesetzt.[7] Nach Hochrechnungen des European Information Technology Observatory hingegen wird der Zeitpunkt, an dem der Absatz von Smartphones den der Featurephones

---

[3] BITKOM, Jeder Dritte hat ein Smartphone, http://www.bitkom.org/de/presse/8477_71854.aspx, 16.04.2012

[4] comScore, 2012 Mobile Future in Focus, S. 16

[5] Tomorrow Focus Media, Mobile Effects 2012-2, S. 6

[6] BITKOM, Jeder Dritte hat ein Smartphone, http://www.bitkom.org/de/presse/8477_71854.aspx, 16.04.2012

[7] comScore, 2012 Mobile Future in Focus, S. 10

überholt, erst im Jahr 2012 erreicht. So soll der Absatz von Smartphones im Jahr 2012 um 35% steigen und somit die Marke von knapp 16 Millionen verkauften Einheiten erreichen.[8] Unabhängig von dem genauen Zeitpunkt, wann dies eintreffen wird, ist davon auszugehen, dass künftig mehr Smartphones als konventionelle Featurephones abgesetzt werden.

Technische Voraussetzung für die Installation von Apps auf Smartphones ist ein leistungsfähiges Betriebssystem. Da Apps für jedes Betriebssystem gesondert programmiert werden müssen, sind die für die Einschätzung der Marktmacht entscheidenden Einflussgrößen die Marktanteile der Betriebssysteme. Die Marktanteile bestimmter Gerätetypen oder Hardwarehersteller spielen hingegen eine untergeordnete Rolle. Dieser Trend wird maßgeblich durch die Anbieter der Betriebssysteme Android (Google) und Windows Mobile/Phone (Microsoft) getrieben, da diese Softwareanbieter den Einsatz ihrer Betriebssysteme auf den Endgeräten zahlreicher Hersteller zulassen. Die Geschäftsmodelle von Apple und Research in Motion (Hersteller des Blackberry) – beide Hersteller koppeln Hardware und Software aneinander – sowie teilweise Nokia (bei Geräten mit Symbian) geraten im Kampf um Marktanteile zunehmend ins Hintertreffen.

Entsprechend der im Mai 2012 von BITKOM veröffentlichten Daten stellt sich der Markt für mobile Betriebssysteme folgendermaßen dar:

---

8 GFM Nachrichten, BITKOM: In Deutschland erstmals mehr Smartphones als Feature Phones, http://www.gfm-nachrichten.de/news/aktuelles/article/bitkom-in-deutschland-erstmals-mehr-smartphones-als-Featurephones.html

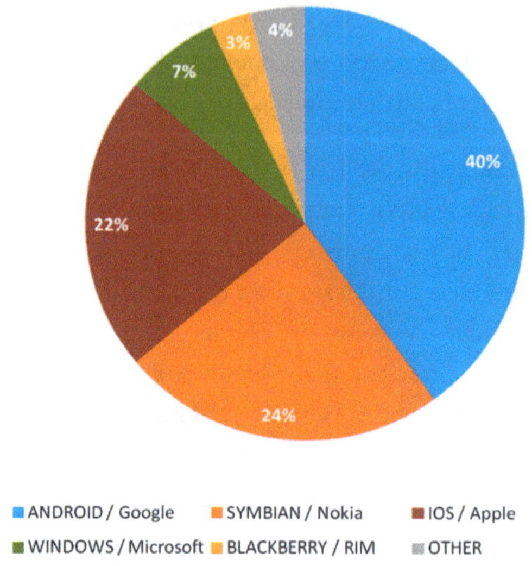

Abbildung 1: Betriebssysteme aktivierter Smartphones[9]

Die Verschiebung der Marktanteile sowie die Dynamik des Marktes werden durch die im comScore MobiLens Panel erhobenen Werte von Dezember 2011 im Vergleich zum Vorjahresmonat besonders deutlich:

[9] BITKOM, Wettkampf der Smartphone-Plattformen, 29.05.2012

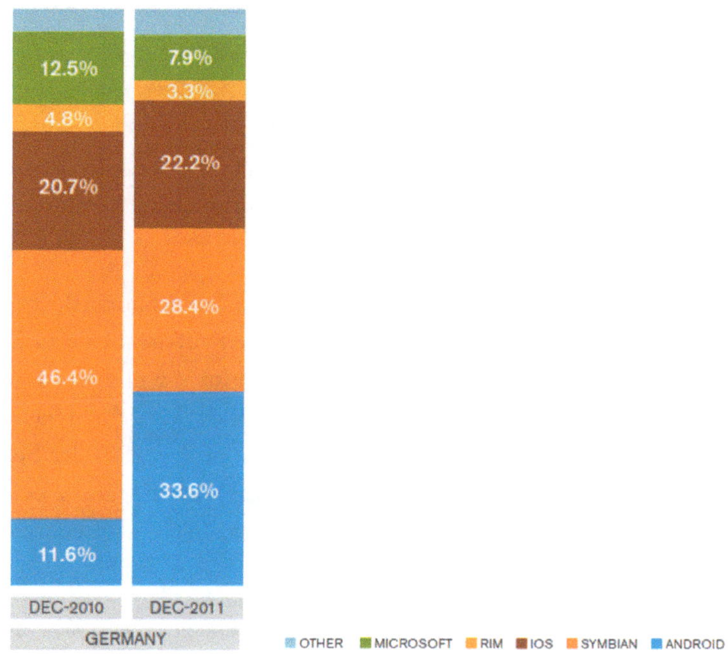

Abbildung 2: Smartphone-Marktanteil nach Betriebssystem[10]

Es ist offensichtlich, dass der für die Nutzung von Apps entscheidende Betriebssystemmarkt für Smartphones von Googles Android dominiert wird. So stieg der Marktanteil von ca. 12% im Dezember 2010 auf 40% im Mai 2012. Weitere wichtige Plattformen sind Symbian von Nokia auf Rang 2 sowie das Apple System iOS auf Rang 3. Sollte die Allianz von Nokia und Microsoft zur Nutzung von Windows auf Nokia-Geräten Bestand haben, ist davon auszugehen, dass sich mittelfristig der Markt in die drei großen Systeme Android, iOS und Windows Phone gliedern wird.

Zusammenfassend kann festgehalten werden, dass das Smartphone das klassische Featurephone vom Markt verdrängt und sich zunehmend als mobiles Standardgerät etabliert. Zwar ist die Marktdurchdringung im Au-

[10] comScore, 2012 Mobile Future, S. 22

genblick stark vom Alter der Nutzer abhängig, es ist aber zu erwarten, dass sich diese Lücke, ähnlich wie bei der Internetnutzung in der Vergangenheit geschehen, in den kommenden Jahren schließen wird.

2.2 Bindung von Nutzern an Smartphones

Eine unmittelbare Folge des erweiterten Funktionsumfangs und des breiteren Einsatzspektrums der Smartphones ist die damit einhergehende enge Bindung der Nutzer an das Gerät.

Eine Umfrage vom August 2011 in den USA, in der Smartphone-Besitzer aufgefordert wurden abzuwägen, was sie bereit wären aufzugeben, um ihr Smartphone behalten zu dürfen, vermittelt einen Eindruck von dem ausgeprägten Abhängigkeitspotenzial: 40% der iPhone-User verzichten lieber eine Woche lang auf ihre Zahnbürste als auf ihr iPhone (vs. 22% der Featurephone-User), und 22% der Smartphone-Nutzer ziehen eine Woche ohne Partner einer Woche ohne Smartphone vor (vs. 14% Featurephone-User).[11]

Untermauert wird diese Abhängigkeit durch die Aussage, dass 66% der Smartphone-User das Gerät auch im Schlaf unmittelbar neben sich haben, während dies bei Featurephone-Usern lediglich zu 38% der Fall ist.[12]

Auch die ständige Erreichbarkeit durch die Mobiltelefonie scheint sich bei den Smartphone-Nutzern stärker auszuwirken als bei den Featurephone-Besitzern: 31% der Smartphone-User geben an, im Kino nicht bloß erreichbar zu sein, sondern auch regelmäßig Nachrichten abzurufen – bei Featurephones reduziert sich dieser Wert auf 7%.[13]

---

11 TeleNav Inc., Phone Wars – Survey finds one-third of Americans more willing to give up sex than their mobile phones, http://www.telenav.com/about/pr-summer-travel/report-20110803.html

12 ebenda

13 ebenda

Schließlich sind 42% der Besitzer eines Smartphones der Meinung, das Gerät reflektiere ihren persönlichen Stil, über Featurephones behaupten das nur 15% der Befragten.[14]

Man muss demnach konstatieren, dass das Smartphone vor allem durch seine permanente Nähe zum Nutzer und seinen großen, individualisierbaren Funktionsumfang einen beachtlichen Einfluss auf das Leben seiner Nutzer ausübt und zu einem ausgeprägten Bindungsverhältnis führt.

2.3 Nutzung der Smartphone-Funktionalitäten

Die Nutzung von Smartphones unterscheidet sich deutlich von der Nutzung klassischer Featurephones und führt dadurch zu tiefgreifenden Veränderungen etablierter Interaktions- und Transaktionsprozesse.

Nachgewiesen ist der Einfluss des Smartphones auf Veränderungen im Kaufprozess. So übt die durch Smartphones ermöglichte mobile Preisrecherche nachhaltigen Einfluss auf den Kaufprozess aus[15]. Auch die mobile, lokale Suche nach Händlern führt zu einer Steigerung der Transparenz im Kaufprozess. Bei etwa einem Viertel der Nutzer schlägt sie sich im Kauf eines Produktes in einem stationären Geschäft nach der Recherche über das Smartphone nieder.[16]

Neben den Kaufprozessen ist vor allem die Interaktion über soziale Netzwerke von dem anhaltenden Smartphone-Wachstum betroffen. Das Mobiltelefon hat sich zum führenden Zugriffsmedium auf Facebook entwickelt. Nach Angaben einer mit der Facebook-internen Werbeplanungsoberfläche AdPlanner durchgeführten Analyse greifen in Deutschland mittlerweile knapp 55% der Facebook-Nutzer per Smartphone auf das Social Network zu – in Schweden sind es bereits über 67%[17] und in Japan 72%[18]. Weltweit

---

14 ebenda

15 E-Commerce-Center-Handel, Mobile Commerce in Deutschland, S. 31

16 E-Commerce-Center-Handel, Mobile Commerce in Deutschland, S. 37

17 Thomas Hutter, Facebook: Mobile-Nutzung in Deutschland, Österreich und Schweiz legt zu, http://www.thomashutter.com/index.php/2012/07/facebook-mobile-nutzung-in-deutschland-osterreich-und-schweiz-legt-zu/

gelten mittlerweile 488 Mio. Facebook-Mitglieder als sogenannte Mobile User. Facebook-Wettbewerber wie das aufstrebende Social Network Path verzichten vollständig auf den klassischen Zugriff via PC – man kann nur noch mobil auf die Plattformen zugreifen.

Den angeführten Beispielen liegt die Entwicklung zugrunde, dass sich das Smartphone primär zu einem Internetzugriffsgerät entwickelt, und der ursprüngliche Zweck der Telefonie in den Hintergrund tritt.

Eine im Juli 2012 durchgeführte Befragung von Smartphone-Nutzern ergab, dass die Telefonie erstmals nicht mehr die am häufigsten genutzte Funktion darstellt, sondern vom Internetzugriff als wichtigster täglich genutzter Funktion abgelöst wurde.[19]

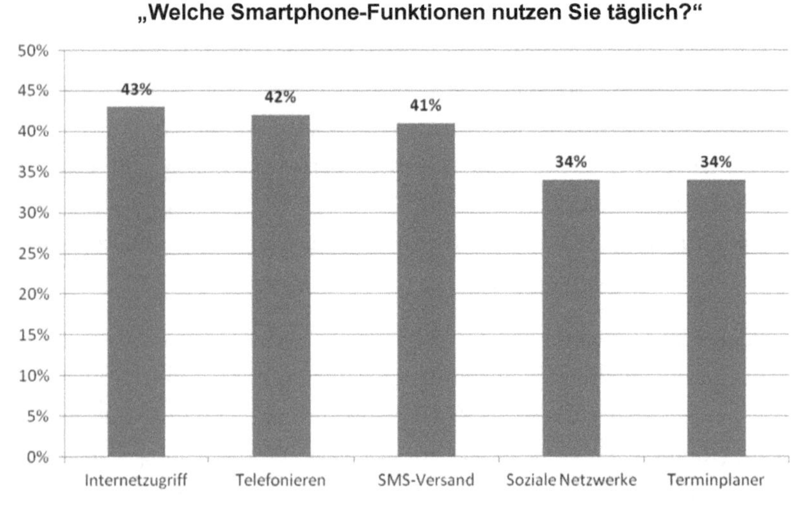

Abbildung 3: Tägliche Nutzung der Smartphone-Funktionen[20]

---

18 Socialbakers, Facebook hits 488 Million Mobile Users, http://www.socialbakers.com/blog/554-facebook-hits-488-million-mobile-users-infographic/

19 BITKOM, Smartphone-Funktionen: Internet wichtiger als Telefonieren, 05.07.2012

20 ebenda

Es ist zu erwarten, dass sich das Smartphone noch stärker als Medienzugriffsplattform etablieren wird. Diese Erwartung spiegelt sich auch in der von TNS Infratest aufgestellten Hochrechnung bezüglich der Mediennutzung wider, bei der die mobile Internetnutzung mit 83% den höchsten Zuwachs aufweist.[21]

Nicht zuletzt die Smartphone-Besitzer selbst erwarten in Zukunft eine noch stärkere Nutzung des mobilen Internets. 71% gehen davon aus, dass sie in Zukunft noch häufiger mobil auf das Internet zugreifen werden.[22]

Sowohl in den USA als auch in den fünf größten EU-Ländern scheint jedoch der Trend zur Nutzung des Internets via mobilem Browser vom Trend zur Nutzung von Apps überlagert zu werden. So liegt nicht bloß der relative Anteil der App-Nutzer in beiden Regionen vor dem Anteil der mobilen Browser-Nutzer, sondern auch das Wachstum der App-Nutzer ist mit +10,1% in der EU und + 13,5% in den USA stärker ausgeprägt als das Wachstum der Browser-Nutzer auf Smartphones mit +9,2% in den EU5-Ländern und +11,1% in den USA (Dez. 2010–Dez. 2011).

Prozentualer Anteil der Browser- und App-Nutzer an allen Mobiltelefonnutzern

Abbildung 4: Anteil Browser- und App-Nutzer[23]

[21] Google, Otto Group, TNS Infratest, Trend, Go-Smart-Studie 2012, S. 6

[22] Google, Otto Group, TNS Infratest, Trend, Go-Smart-Studie 2012, S. 9

[23] comScore, 2012 Mobile Future, S. 25

Damit dürfte das Smartphone durch seine permanente Verfügbarkeit, Vernetzung und universelle Nutzbarkeit bei den Nutzern im Vergleich zu anderen technischen Geräten eine einmalige Position erlangt haben.

2.4 Die Bedeutung von Apps

Weltweit und über alle mobilen Betriebssysteme und Sprachen hinweg waren Ende 2011 etwa 1,2 Mio. Apps verfügbar.[24]

Das Wachstum dieses Softwaresegmentes ist nach wie vor ungebrochen hoch und beträgt selbst bei der ältesten App-Verkaufsplattform, dem Apple App Store (AAS), noch immer über 50% im Jahr.

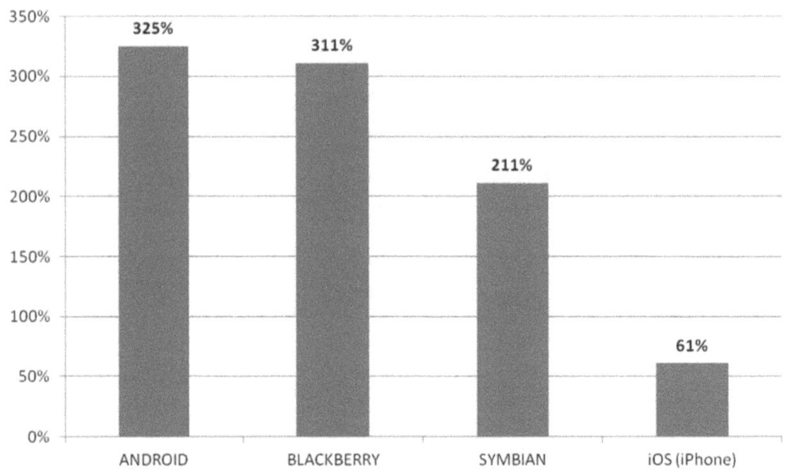

Abbildung 5: App-Wachstum nach Betriebssystem[25]

---

[24] Distimo, Full Year 2011 Publication, http://www.distimo.com/blog/2011_12_distimo-releases-full-year-2011-publication/

[25] Distimo, Analyzing the application stores, S. 9 (ohne Windows-Phone-Werte, da noch nicht aussagekräftig)

Infolge des rasant zunehmenden Marktanteils von Android wuchs auch die Verfügbarkeit von Apps für dieses Betriebssystem mit 325% von September 2010 bis September 2011 besonders stark.[26] 2012 wurden pro Monat durchschnittlich etwa 20.000 neue Apps für Android veröffentlicht.[27]

Dem Angebot von mehr als einer Million Apps steht ein Downloadvolumen im Milliardenbereich gegenüber. So konnte der Apple App Store (AAS) im März 2012 die Grenze von 25 Milliarden heruntergeladenen Apps durchbrechen.

Auch die zunehmende Bedeutung von Apps in Deutschland lässt sich eindrucksvoll anhand des Download-Volumens deutscher Smartphone-Nutzer illustrieren.

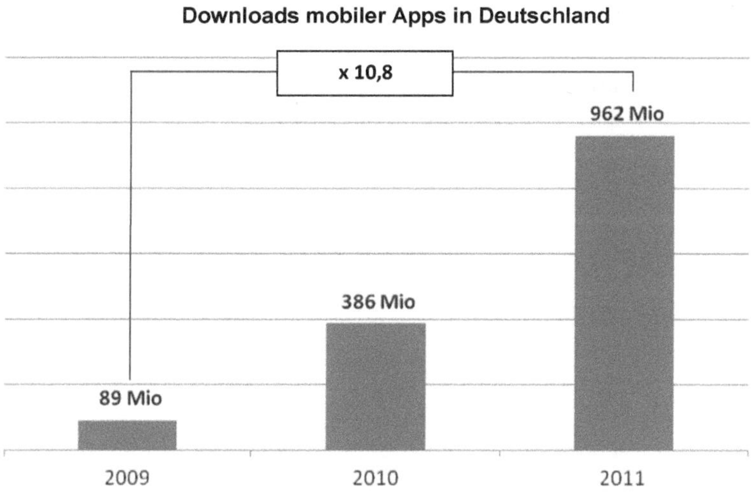

Downloads mobiler Apps in Deutschland

x 10,8

962 Mio

386 Mio

89 Mio

2009 2010 2011

Abbildung 6: App-Downloads in Deutschland[28]

---

[26] Distimo, Analyzing the Application Stores, http://www.slideshare.net/distimo/analyzing-the-application-stores-users-apps-growth-and-more, S. 9

[27] AppBrain, Number of available Android applications, http://www.appbrain.com/stats/number-of-android-apps

[28] BITKOM, Fast eine Milliarde App-Downloads allein in Deutschland, 23.02.2012

Dass sich die Verwendung von Apps nach wie vor zunehmender Beliebtheit erfreut, wird nicht zuletzt durch den Rückgang derjenigen Nutzer, die angeben, Apps gar nicht zu verwenden, verdeutlicht. Während 2010 noch 43% der Tomorrow Focus Media Panel Teilnehmer angaben, keine Apps zu nutzen, so reduzierte sich dieser Wert auf 21,8% im Mai 2012.[29]

Daten von Google zufolge sind durchschnittlich 25 Apps pro Smartphone in Deutschland installiert – in den USA, aber auch in Japan ist diese Zahl noch höher.[30]

Ein Faktor, der die hohen Downloadzahlen wie auch die Nutzerangaben relativiert, ist die tatsächliche Nutzungshäufigkeit der installierten Apps: Gemäß Localytics werden 22% aller heruntergeladenen Apps lediglich ein einziges Mal verwendet. 50% aller Apps werden vier Mal oder seltener verwendet. Mehr als elf Mal angewendet werden etwa 30% aller installierten Apps. Insgesamt ist jedoch eine Zunahme der Nutzungshäufigkeit pro App feststellbar – so stieg die Anzahl der Apps, die elf Mal oder häufiger verwendet wurden, von 26% in 2010 auf 31% in 2011.[31]

---

29 Tomorrow Focus Media, Mobile Effects 2012-2, S. 24

30 Our Mobile Planet, http://www.thinkwithgoogle.com/mobileplanet/de, Abfrage: Apps pro Smartphone

31 Localytics, http://www.localytics.com/blog, App Retention Increasing, 26.06.2012

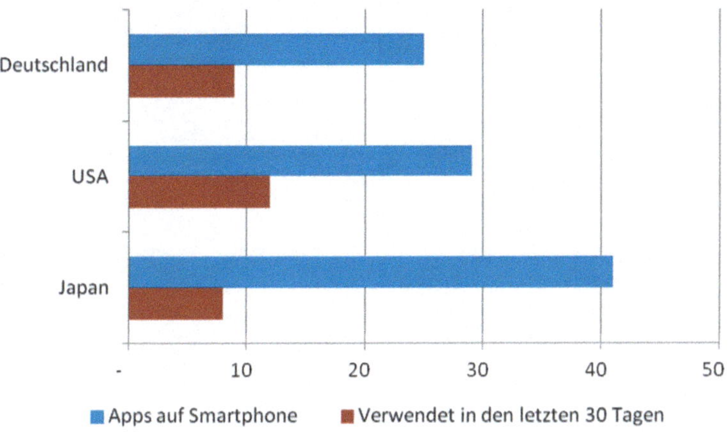

Abbildung 7: Installierte und genutzte Apps pro Smartphone[32]

Als Selektionskriterien beim Download bzw. Erwerb von Apps geben die Nutzer Bedienbarkeit, Nutzwert und Preis als wichtigste Faktoren an. Bewertungen anderer Nutzer spielen als wichtiges Downloadkriterium nur eine Rolle, wenn sie unmittelbar im jeweiligen App Store einsehbar sind – Empfehlungen aus der Presse oder dem Internet folgen nur wenige Nutzer.[33]

Es ist unzweifelhaft, dass Apps vom Nutzer als entscheidender Mehrwertfaktor beim Gebrauch des Smartphones betrachtet werden. Die Nutzer haben erkannt, dass das Spektrum potenzieller Anwendungsmöglichkeiten eines Smartphones erst durch Apps erschlossen werden kann.

---

32 Our Mobile Planet, http://www.thinkwithgoogle.com/mobileplanet/de, Abfrage: Apps pro Smartphone

33 Tomorrow Focus Media, Mobile Effects 2012-2, S. 25

3 Gesundheits-Apps im Apple App Store

Im vorangegangenen Kapitel ist deutlich geworden, dass sich sowohl die Nutzung von Smartphones als notwendiger Plattformkomponente als auch von Apps als Anwendungsart etabliert haben.

Es liegt somit auf der Hand, dass bei der stetig zunehmenden Menge an angebotenen und heruntergeladenen Apps auch die Anzahl an Gesundheits-Apps zunimmt. Die Angaben über die tatsächlich über alle Betriebssysteme, App Stores und Gerätetypen hinweg verfügbaren Gesundheits-Apps variieren derzeit von etwa 13.600[34] bis zu 40.000[35].

In diesem Kapitel soll eruiert werden, wie Mobiltelefone und Apps bislang im Bereich der Gesundheitsvorsorge und Therapie genutzt wurden, wie diese Technik im Ausland bereits eingesetzt wird, welche regulatorischen Hürden in Zukunft drohen und welche Investitionssummen und Prognosen bezüglich des Sektors im Augenblick zirkulieren.

Das Angebot an Apps gliedert sich in thematisch unscharf abgegrenzte Kategorien. Am Beispiel des AAS ergibt sich für den US-Markt folgendes Bild über die Verteilung der verfügbaren Apps in den jeweiligen Kategorien.

---

34 iHealthBeat, Number of Health Apps Rising, but Download Rates Remain Low, http://www.ihealthbeat.org/articles/2012/7/17/number-of-health-apps-rising-but-download-rates-remain-low.aspx?topic=mobile health

35 IT News Online, FDA to Industry: Figure it App yourself, http://www.itnewsonline.com/showprnstory.php?storyid=229269

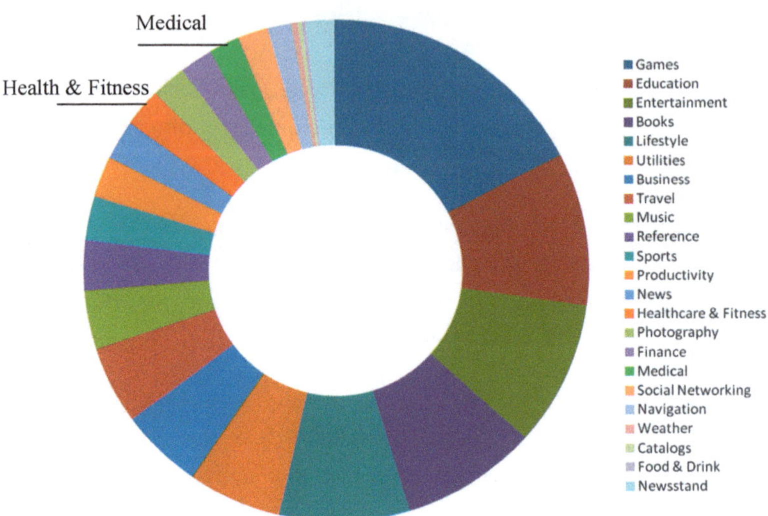

Abbildung 8: Apps pro Kategorie[36]

Im US AAS rangieren „Health and Fitness" sowie „Medical" mit 2,5% bzw. 1,9% aller angebotenen Apps im unteren Drittel der Kategorien. Vergleichbare Daten sind für den Deutschen AAS nicht verfügbar.

Nutzerseitig belegen in Deutschland Gesundheit und Fitness mit 11,8% und Medizin mit 7% die letzten Plätze.[37]

[36] 148apps.biz, http://148apps.biz/app-store-metrics/?mpage=catcount, 17.09.2012

[37] Tomorrow Focus Media, Mobile Effects 2012-2, S. 22

Abbildung 9: App-Nutzung pro Kategorie[38]

3.1 Die SMS als Vorläufer von Apps im Gesundheitsbereich

Die Idee, mobile Geräte im Gesundheitskontext einzusetzen, ist nicht erst mit der Einführung des Smartphones entstanden. So datieren erfolgreiche SMS-basierte Programme zur Raucherentwöhnung aus dem Jahr 2005 (STOMP, entwickelt von der Clinical Trials Research Unit at the University of Auckland)[39] oder Anwendungen zur Eindämmung von Geschlechtskrankheiten bei Jugendlichen aus dem Jahre 2006 (SexInfoSF.org, entwickelt von Internet Sexuality Information Services)[40]. Im Oktober 2008 testete Kaiser Permanente – eine der größten Health Maintenance Organisations der USA – in einem Pilotversuch die Erinnerung an Arzttermine via

[38] Tomorrow Focus Media, Mobile Effects 2012-2, S. 22

[39] Fogg, B.J., Adler, R., Texting 4 Health A Simple, Powerful Way to Improve Lives, S. 51

[40] Fogg, B.J., Adler, R., Texting 4 Health A Simple, Powerful Way to Improve Lives, S. 60

SMS und rollte diese Maßnahme 2010 innerhalb der gesamten Organisation aus.[41]

Eine besonders hohe Aufmerksamkeit wurde dem in den USA kostenlos verfügbaren Programm „text4baby" zuteil, das Anfang 2010 ins Leben gerufen wurde. Der für werdende und junge Mütter konzipierte SMS-Dienst erreichte innerhalb eines Jahres 135.000 Programmteilnehmer.[42] Ziel ist die Reduzierung der Säuglingssterblichkeit durch zielgenaue und im Rahmen der Schwangerschaft und Stillzeit hochrelevante Kurznachrichten.[43]

Der Vorteil der SMS als Kommunikationsform ist die Nutzbarkeit des Programmes mit deutlich älteren, einfacheren und günstigeren Geräten, als dies für Apps der Fall ist. So war bei der Zielsetzung von „text4baby" entscheidend, dass vor allem Frauen mit niedrigem Bildungsniveau und aus Haushalten mit niedrigem Einkommen erreicht werden können. Diese verfügen häufig weder über einen stationären noch über einen mobilen Internetzugang, aber in der überwiegenden Mehrheit über klassische Featurephones.[44] Außer des deutlich größeren potenziellen Nutzerkreises spricht auch die technische Vereinheitlichung für die SMS als bevorzugtem Kommunikationskanal. Aufgrund des einheitlichen Standards müssen weder Betriebssysteme noch Bildschirmauflösungen oder Bandbreiten und Dateigrößen beachtet werden.

Der mit der Umsetzung betraute Anbieter Voxiva bietet mittlerweile weitere SMS-basierte Programme an, maßgeblich zur allgemeinen Verbesse-

---

41 MobileMarketingWatch, Kaiser Permanente Teams With mobileStorm For SMS Reminders, Sees 300% ROI, http://www.mobilemarketingwatch.com/kaiser-permanente-teams-with-mobilestorm-for-sms-reminders-sees-30-cost-savings-4805/

42 Bornstein, D., Mothers-to-Be Are Getting the Message, Opinionater Blog from the New York Times, http://opinionator.blogs.nytimes.com/2011/02/07/pregnant-mothers-are-getting-the-message/

43 Siehe: www.text4baby.org

44 Pathoftheblueeye.com, http://pathoftheblueeye.com/multimedia/community_resources/text4baby_Remick_slides.pdf, S. 9 und S. 10

rung des Gesundheitszustandes, zur Raucherentwöhnung und zur Begleitung von Diabetes-Patienten.[45]

Das große Interesse an der Möglichkeit, durch SMS-Programme die Gesundheit zu verbessern, führte im Jahre 2008 zur Veranstaltung der ersten „Texting 4 Health“ Konferenz durch B.J. Fogg – den Gründer des Persuasive Technology Lab der Stanford University und Autor des Standardwerkes zu diesem Thema.[46] Es ist bezeichnend für die Weiterentwicklung dieser Disziplin, dass die darauf folgende Konferenz in „Mobile Health 2010“ umbenannt wurde und Apps die Agenda zunehmend stärker bestimmten.

3.2 Entwicklung und Wirksamkeit von Gesundheits-Apps

Über die Entstehung bzw. Entwicklung von Gesundheits-Apps liegen kaum Informationen vor. Während der Recherche für diese Studie wurden keine verlässlichen Quellen gefunden, die Aufschluss über die anfängliche Verbreitung dieser Anwendungen geben.

Anhand eigener Analysen auf Basis der populärsten Apps konnte ermittelt werden, dass bereits kurz nach Eröffnung des AAS im Juli 2008 die ersten Gesundheits-Apps angeboten wurden. Eine Auflistung der in den ersten sechs Monaten nach Eröffnung des AAS eingestellten Gesundheits-Apps auf Grundlage dieser Datenbasis weist „Rauchfrei 2.0 – aufhören zu rauchen“ als erste in Deutschland verfügbare App dieser Kategorie aus.

---

45 Siehe: www.voxiva.com

46 Fogg,, B.J., Persuasive Technology

Die ersten Gesundheits-Apps im Deutschen AAS (Auszug Top-Rankings)

13.07.2008	Rauchfrei 2.0 - aufhören zu rauchen - Tommy Kammerer
21.07.2008	Schrittzähler - Luminant Software, Inc
03.08.2008	Kalorienzähler - ShapeUp Club - Sillens AB
13.08.2008	Lebensmittelzusatzstoffe 2 - IGRASS PTY LTD
21.08.2008	Medical Calculator - MarketWall.com
28.08.2008	MediMath Medical Calculator - Evan Schoenberg
29.08.2008	Menstruations Kalender (Period Tracker) - GP Apps
13.10.2008	MapMyRUN GPS Running - MapMyFitness
13.10.2008	Skyscape Medical Resources - Skyscape
15.10.2008	iMensies (Period Calendar) - Svetlana Brandel
16.10.2008	Weightbot - Kommando Gewichtskontrolle
12.11.2008	CaloryGuard 2 - Einfach Kalorien überwachen
16.11.2008	Silent Island Entspannung (SALE) - Gregor Czempiel
28.11.2008	iKalCalc Kalorien Calculator - Schnuppig
03.12.2008	iENo - Lebensmittelzusatzstoffe - ihanwel.com
09.12.2008	MedCalc (medizinischer Rechner) - Mathias Tschopp & Pascal Pfiffner
10.12.2008	Silent Island Entspannung Lite - Gregor Czempiel
18.12.2008	Homöopathie - Franzen Software Development
31.12.2008	ECG Guide - QxMD Medical Software
04.01.2009	Hundred PushUps - SoftwareX
06.01.2009	Instant ECG: An Electrocardiogram Rhythms Interpretation Guide - iAnesthesia LLC
10.01.2009	PubMed On Tap - ReferencesOnTap
11.01.2009	Eye Test - Bokan Technologies
13.01.2009	RunKeeper - GPS Running, Walking, Cycling and more! - FitnessKeeper, Inc.
27.01.2009	Schüssler Salze - Franzen Software Development

Abbildung 10: Erste Gesundheits-Apps im Deutschen AAS[47]

Weitere, kurz nach Lancierung des AAS entwickelte Gesundheits-Apps sind Schrittzähler und Lauf-Tracker, Kalorienzähler sowie Datenbanken für Lebensmittelzusatzstoffe. Auch Menstruations-Tagebücher und alternativmedizinische Anwendungen finden sich schon kurz nach Eröffnung des AAS.

Somit haben sich schon die ersten Gesundheits-Apps der Stärke des Smartphones bedient, durch permanente Nähe zum Nutzer Aufzeichnungen z.B. über konsumierte Nahrungsmittel zu erleichtern. Auch das Auslesen des Bewegungssensors zur Analyse der Schrittanzahl oder

[47] Eigene Auswertung, Datenbank auf Basis AAS, Stichprobe 01.08.2012

zum Speichern der Laufaktivitäten fand früh Eingang in den Markt für Gesundheits-Apps.

Unter den Anwendungen für Fachkreise sind besonders medizinische Berechnungsprogramme und Nachschlagewerke wie PubMed und Skyscape vertreten.

Um Gesundheits-Apps als seriöse und tatsächlich wirksame Therapieoption zu etablieren, wurden mittlerweile auch Studien durchgeführt, die die klinische Wirksamkeit dieser Apps belegen sollen. Eine umfassende Darstellung des aktuellen Forschungsstandes ist innerhalb der vorliegenden Studie nicht möglich. Es soll daher im Folgenden lediglich auf einige ausgewählte Studien eingegangen werden.

Als grundlegend problematisch in diesem Zusammenhang kann die Diskrepanz zwischen der rasanten Marktentwicklung einerseits und den für Veröffentlichungen im medizinischen Bereich üblichen Zeiträumen gesehen werden. So sind 18–24 Monate Verzögerung zwischen Datenerhebung und Veröffentlichung in einem anerkannten Journal keine Seltenheit. Im Bereich des höchst dynamischen Smartphone-Software-Marktes ist es jedoch nicht unwahrscheinlich, dass große Teile der untersuchten Apps zu diesem Zeitpunkt entweder massiv überarbeitet wurden – mit dem Funktionsumfang zum Zeitpunkt der Erhebung also nicht mehr vergleichbar sind – oder von anderen Apps verdrängt wurden und nur noch schwer auffindbar bzw. irrelevant geworden sind.

Erste Studien zur Anwendung und zum potenziellen Nutzen von Gesundheits-Apps wurden bereits 2009 initiiert. So veröffentlichten Abroms et al. ihre Untersuchung von iPhone Apps zur Raucherentwöhnung im American Journal of Preventive Medicine. Gegenstand der Analyse war die Übereinstimmung von 47 im AAS distribuierten Apps mit anerkannten Leitlinien zur Raucherentwöhnung. Die Studie kommt zu dem Ergebnis, dass lediglich 11,3% der Apps eine starke Übereinstimmung mit einer Leitlinie aufweisen und dass die am häufigsten installierten Apps am wenigsten leitlinienkonform sind.[48]

Eine von Breton et al. durchgeführte Untersuchung von 204 Apps zur Gewichtsreduktion auf ihre Übereinstimmung mit „evidence-informed practices" kommt zu dem Schluss, dass lediglich eine kleine Gruppe der untersuchten Apps alle 13 evidenzbasierten Behandlungsmethoden zur Gewichtsreduktion aufgreift. Die meisten nutzen ungenügend belegte Inhalte und Methoden, 50 nutzen keine einzige davon.[49]

Den klinischen Einsatz einer App untersucht eine von Welldoc gesponserte Studie, die in Diabetes Care im Jahre 2011 veröffentlicht wurde: Quinn C. et al. kommen in dieser randomisierten Cluster-Studie zu dem Ergebnis, dass Typ-2-Diabetiker, die mit einem verhaltensmodifizierenden Programm, bestehend aus smartphone- und internetbasierten Interventionen, betreut wurden, nach 12 Monaten eine Reduktion des HbA1c um im Mittel 1,9% aufwiesen, während die regulär betreute Kontrollgruppe lediglich eine durchschnittliche HbA1c-Reduktion von 0,7% erreichte.[50]

Zu einem ähnlichen Ergebnis kommt eine 2012 veröffentlichte randomisierte Studie mit Typ-1-Diabetikern. Während eine Gruppe für neun Monate mit der App „Glucose Buddy" und individualisierten SMS-Nachrichten eines „Diabetes Nurse Educator" begleitet wurde, wurde der Kontrollgruppe lediglich der übliche Betreuungsumfang zuteil. In der Interventionsgruppe konnte ein signifikanter Rückgang des HbA1c-Wertes verzeichnet werden.[51]

---

48 Abroms L. et al., iPhone Apps for Smoking Cessation, American Journal of Preventive Medicine Volume 40, Issue 3 (2011)

49 Breton E. et al., Weight loss – there is an app for that! But does it adhere to evidence-informed practices? Translational Behavioral Medicine, Volume 1, Number 4 (2011)

50 Quinn C. et al., Cluster-Randomized Trial of a Mobile Phone Personalized Behavioral Intervention for Blood Glucose Control, Diabetes Care, Volume 34 (2011)

51 iMedial Apps, Randomized controlled study shows mobile app improves glucose control in Type 1 Diabetes, http://www.imedicalapps.com/2012/06/randomized-controlled-study-shows-mobile-app-improves-glucose-control-type-1-diabetics, 26.06.2012

Auch wenn die vorgestellten Studien lediglich einen sehr knappen Eindruck von der Evidenzlage bei Gesundheits-Apps vermitteln, verdeutlichen sie, dass Bewertungen ganzer App-Kategorien auf Leitlinienkonformität tendenziell eher negativ ausfallen, ohne dass eine tatsächliche Wirksamkeit oder Unwirksamkeit nachgewiesen wurde. Klinische Studien mit ausgewählten Apps hingegen können eine Wirksamkeit nachweisen, die – wie in einem der oben gezeigten Fälle – der von Arzneimitteln ebenbürtig ist oder diese sogar übertrifft.[52]

3.3 Ansätze zur Integration von Apps in die bestehenden Gesundheitssysteme

Gesundheits-Apps existieren bislang fast ausschließlich außerhalb der etablierten Gesundheitssysteme. Die Nachfrage wird einzig durch das persönliche Interesse des Endverbrauchers getrieben, eine gezielte Empfehlung bzw. Aufforderung zum Einsatz von Apps oder gar eine Art Verordnung ist bislang kaum zu beobachten.

Die bislang konkretesten Bemühungen, Apps in bestehende Gesundheitsstrukturen zu integrieren, gehen von Kostenträgern aus. Als besonders fortschrittlich in diesem Bereich kann Großbritannien gelten. Dort hat der National Health Service (NHS) unter Leitung des Gesundheitsministeriums einen Wettbewerb für App-Entwickler ausgeschrieben und gleichzeitig die Öffentlichkeit dazu aufgerufen, beliebte Gesundheits-Apps online einzureichen.[53] Auf der eigens eingerichteten, vom NHS betriebenen Webseite www.mapsandapps.dh.gov.uk wurde eine Liste von knapp 500 besonders populären Gesundheits-Apps zusammengetragen[54], die sich durch einen Selektionsprozess bei Öffentlichkeit und Fachkreisen herauskristallisierten. Außerdem finden sich dort Ideen für Apps, die von einer Jury als besonders sinnvoll eingestuft wurden.

---

52 Sherifali D. et al., A1C Levels – A systematic review and meta-analysis, Diabetes Care, Volume 33 (2010)

53 Wired.co.uk, NHS to crowdsource the next wave of healthcare apps, http://www.wired.co.uk/news/archive/2011-08/22/nhs-apps

54 Siehe: http://departmentofhealth.ideascale.com

Auch eigene Gesundheits-Apps werden vom NHS produziert und bereitgestellt: So z.B. eine Raucherentwöhnungs-App, ein Alkoholkonsum-Tracker sowie Apps für Arzt- und Kliniksuchen, die auf die GPS-Funktion des Smartphones zurückgreifen. Schließlich wurde der bislang lediglich über die Webseiten NHS Direct und NHS Choices erreichbare umfangreiche Symptom-Checker portiert, so dass diese Inhalte jetzt auch smartphone-optimiert als App zur Verfügung stehen.

Auch in den USA versuchen Kostenträger, sich einen unmittelbaren Zugang zu den Smartphones der Versicherten zu bahnen. Im Dezember 2011 erwarb bspw. der Krankenversicherer Aetna die Firma Healthagen, Hersteller der App iTriage.[55] iTriage gehört nicht nur zu den am häufigsten installierten Gesundheits-Apps, sondern bietet auch einen sehr großen Funktionsumfang. Kern der App ist ein Symptom-Checker, den Healthagen als „Symptom-to-Provider Pathway" bezeichnet und der zum Ziel hat, den Versicherten möglichst schnell dem richtigen Arzt zuzuleiten.

Einen anderen Weg beschreitet Kaiser Permanente (KP): Zahlreiche von KP entwickelte und unter eigenem Namen vertriebene Apps unterstützen den Versicherten einerseits bei der Suche nach den richtigen Ansprechpartnern, andererseits bei der Planung von Vorsorgeterminen und dem Führen eines gesunden Lebensstils. Alleinstellungsmerkmal ist jedoch der komfortable Zugriff via iOS oder Android App auf die bei KP zentral gespeicherte persönliche Gesundheitsakte und das IT-System der Organisation. Über diesen Weg ist es den Versicherten möglich, jederzeit Einsicht in sämtliche persönliche medizinische Daten zu nehmen, Arzttermine zu vereinbaren und Fragen an Ärzte zu stellen.

---

55 Techrunch.com, Aetna Reveals It Acquired Healthagen, Developer Of The #1 Mobile Health App iTriage, http://techcrunch.com/2011/12/16/aetna-itriage-healthagen/

Screenshots der Kaiser Permanente Medical Record App

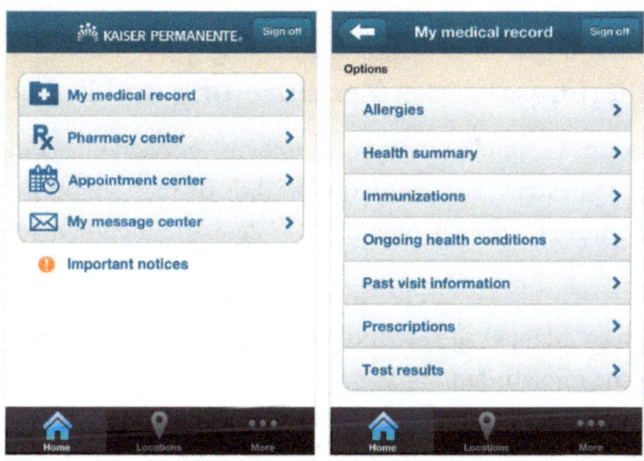

Abbildung 11: Screenshots Kaiser Permanente App[56]

In eine gänzlich andere Richtung strebt das zur Greater New York Hospital Association gehörende Unternehmen Happtique. Das unter dem Namen mRx gestartete Pilotprojekt hat zum Ziel, eine der Verschreibung von Arzneimitteln ähnliche Verordnung von Gesundheits-Apps zu ermöglichen.[57] So sollen Ärzte und Kliniken in die Lage versetzt werden, aus einem durch Happtique erstellten Katalog an qualitätsgeprüften Gesundheits-Apps die am besten zur jeweiligen Indikation passende App verschreiben zu können. Die Leistung besteht also einerseits aus der Qualitätssicherung und andererseits aus der Bereitstellung einer zentralen Plattform für die Verschreibung.

Während zum einen Kostenträger und zum anderen Anbieter wie Happtique versuchen, Gesundheits-Apps in strukturierter Form in existierende Gesundheitssysteme einzubinden, dürfte das erfolgreiche Überwinden regulatorischer Hürden eine zentrale Voraussetzung sein, um Apps

---

56 iTunes, http://itunes.apple.com/us/app/kaiser-permanente/id493390354

57 Happtique Launches mRx™ Pilot Program, http://www.happtique.com/2012/08/20/happtique-launches-mrx-pilot-program/

in Zukunft als regulären Bestandteil der Gesundheitsversorgung zu etablieren.

3.4 Regulierungsansätze: Zertifizierung und Zulassung

Dass Fehler in Gesundheits-Apps durchaus gravierende Folgen haben können, ist spätestens seit dem durch das BfArM verbreiteten Sicherheitshinweis zum „Pfizer Rheumatology Calculator" deutlich geworden.[58]

Zwar richtete sich die konkrete App an Fachkreise, es ist jedoch genauso vorstellbar, dass Mängel in Gesundheits-Apps für Endverbraucher die Patientensicherheit gefährden.

Generell bewegen sich Gesundheits-Apps seit geraumer Zeit in einer regulatorischen Grauzone. Weder in den USA noch in Europa gibt es verbindliche Regularien oder Richtlinien, die darlegen, ob eine App einer Zulassung oder Registrierung bedarf. Da die Regulierungsproblematik keinen Schwerpunkt dieser Studie darstellt, kann das Thema lediglich angeschnitten werden.

Die GSMA hat Anfang 2012 einen Leitfaden entwickelt, um einen Überblick über die weltweit geltenden Regulierungsstandards für „mHealth"-Produkte zu geben. Hiernach kommt dem „Intended Use" – also der primären Nutzungsabsicht – als zentralem und jurisdiktionsübergreifendem Bestimmungsmerkmal für die Einstufung eines Produktes als Medizinprodukt auch bei der Klassifizierung von mobilen Geräten und Apps eine zentrale Rolle zu.[59]

In den USA hat die Food and Drug Administration (FDA) bereits 2009 erstmalig verlautbaren lassen, dass es Umstände geben könnte, unter denen

---

[58] BfArM, Sicherheitshinweis für iPhone-/Android-Applikation „Pfizer Rheumatology Calculator", Pfizer, 02.11.2011, http://www.bfarm.de/SharedDocs/1_Downloads/DE/Medizinprodukte/riskinfo/kundeninfo/09/2011/4757-11_Kundeninfo_de.html

[59] GSMA, Understanding Medical Device Regulation for mHealth, February 2012, S. 3

das iPhone als Medizingerät betrachtet werden könnte.[60] Im Juli 2011 wurde von der FDA ein Entwurf für ein Leitliniendokument veröffentlicht, in dem der zukünftige Rahmen für die Zulassung von Gesundheits-Apps abgesteckt wird.[61] In diesem Entwurf listet die FDA solche Apps auf, die sie für regulierungsbedürftig hält. Dies sind insbesondere drei Typen von Apps:[62]

- Apps, die als Zubehör zu einem bereits von der FDA zugelassenen Gerät fungieren
- Apps, durch die ein Smartphone zu einem Medizinprodukt wird
- Apps, die Vorschläge zu einer Diagnose oder Therapie machen

Zahlreiche Verhandlungen haben bis dato die Verabschiedung einer finalen und verbindlichen Richtlinie durch die FDA verzögert.[63] Es ist nach wie vor unklar, wie die Regulierung und Zulassung von Gesundheits-Apps erfolgen werden. Es wird jedoch damit gerechnet, dass noch 2012 eine entsprechende Richtlinie von der FDA veröffentlicht wird.[64] Nach Stellungnahmen der Industriekonsortien und Verbände ist dies gerade vor dem Hintergrund der Rechts- und Investitionssicherheit für die Hersteller von Gesundheits-Apps von größter Bedeutung und wird daher ausdrücklich begrüßt.

---

60 MobiHealthNews, FDA may regulate iPhone Health Apps, February 2009

61 U.S. Food and Drug Administration, Draft Guidance for Industry and Food and Drug Administration Staff - Mobile Medical Applications, http://www.fda.gov/MedicalDevices/DeviceRegulationandGuidance/GuidanceDocuments/ucm263280.htm

62 iHealthBeat, Medical App Developers Struggle To Prepare for Regulation From FDA, http://www.ihealthbeat.org/articles/2012/4/17/medical-app-developers-struggle-to-prepare-for-regulation-from-fda.aspx

63 mobihealthnews, How Congress almost delayed the FDA's mobile medical app guidance, http://mobihealthnews.com/17707/how-congress-almost-delayed-the-fdas-mobile-medical-app-guidance/

64 Healthcare IT News, Obama paves way for FDA's mobile app guidelines, http://www.healthcareitnews.com/news/obama-paves-way-fdas-mobile-app-guidelines

Unabhängig von einer zu erwartenden FDA-Richtlinie haben bereits vereinzelt Produzenten von Gesundheits-Apps eine Zulassung ihrer Programme durch die FDA angestrebt und erreicht. Darunter befindet sich beispielsweise die App Mobile MIM[65], eine an Fachkreise gerichtete App zur Begutachtung von CT-, MRT- oder PET-Aufnahmen, und die erste jemals von der FDA als Medizinprodukt zugelassene App, aber auch die für Patienten entwickelte App DiabetesManager von WellDoc.

Wie in den USA besteht auch in Europa in dieser Frage keine eindeutig geklärte Situation. Dass Apps jedoch auch in der EU als Medizinprodukte anerkannt werden können, ist mittlerweile belegt: Die App Mersey Burns – eine App für Fachkreise, mit der prozentual durch Verbrennungen erlittene Hautschäden geschätzt werden, um die zuzuführende Flüssigkeitsmenge bestimmen zu können – ist die erste App, die ein CE-Siegel erhalten hat und somit seit Januar 2012 als Medizinprodukt der Klasse 1 anerkannt ist.[66]

In einem von der Non-Profit Organisation d4 Anfang 2012 publizierten Leitlinienvorschlag für die Regulierung von Gesundheits-Apps wird die für alle Medizinprodukte gültige Medical Device Directive 93/42/EEC (MDD) als maßgebliche Grundlage für die Regulierung von Gesundheits-Apps in der EU angeführt, da diese Direktive explizit auch Software einschließt.[67] Einem Protokoll der in Großbritannien für die Regulierung von Medizinprodukten zuständigen Medicines and Healthcare Products Regulatory Agency (MHRA) ist jedoch zu entnehmen, dass Software, die zur Unterstützung diagnostischer oder therapeutischer Entscheidungsprozesse entwickelt wurde (z.B. die elektronische Form von Leitlinien, Referenzwerken usw.), explizit kein Medizinprodukt darstellt.[68]

---

65 iTunes, Mobile MIM, http://itunes.apple.com/de/app/mobile-mim/id281922769

66 iTunes, Mersey Burns, http://itunes.apple.com/gb/app/mersey-burns/id481808668

67 d4, Regulation of health apps: a practical guide, S. 13, http://blog.d4.org.uk/2012/01/regulation-of-health-apps-a-practical-guide.html

68 d4, Regulation of health apps: a practical guide, S. 14, http://blog.d4.org.uk/2012/01/regulation-of-health-apps-a-practical-guide.html

Die folgende Grafik verdeutlicht, dass nach Erwartung von d4 Gesundheits-Apps erst dann von einer Regulierung betroffen sind, wenn mit ihrer Hilfe komplexe Berechnungen z.B. zum Zweck einer Diagnose oder einer Dosierung angestellt werden.

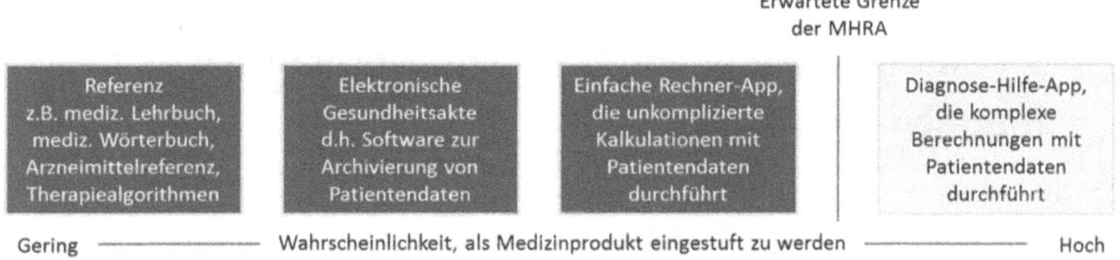

Abbildung 12: Unterscheidungsmerkmale App als Medizinprodukt[69]

In einer Veröffentlichung vom Zentralverband der Elektrotechnik (ZVEI) wird konkret auf die in Deutschland geltende Situation eingegangen.[70] Es wird hervorgehoben, dass es in §3 des Medizinproduktegesetzes auf die Zweckbestimmung ankommt, ob es sich bei einem Produkt um ein Medizinprodukt handelt oder nicht.[71] Der „Intended Use" wird folglich auch hier als zentraler Aspekt angeführt. Da die Zweckbestimmung maßgeblich durch Werbeaussagen des Herstellers, aber auch durch die Ausgestaltung des Produktes selbst festgelegt wird, kann eine App – so folgert der ZVEI – auch nach deutschem Recht ein Medizinprodukt sein.[72]

Trotz der Tatsache, dass der „Intended Use" gleichermaßen die Grundlage darstellt, ist offensichtlich, dass sich der von der FDA eingeschlagene Weg von dem europäischen Ansatz unterscheidet. Darauf weist auch der ZVEI deutlich hin: „Während innerhalb der EU die regulatorischen Anforderungen weitestgehend (wenn auch nicht komplett) vereinheitlicht sind,

69 Nach d4, Regulation of health apps: a practical guide, S. 15

70 Zentralverband Elektrotechnik und Elektronikindustrie ZVEI, Mobile Endgeräte und 'Apps' in der Medizin, März 2012

71 ebenda, S. 2

72 ebenda, S. 2

herrschen in anderen Ländern – z. B. den USA – durchaus andere Vorstellungen, wie konkret nachzuweisen ist, dass eine mobile Anwendung (auf einem Smartphone oder Tablet) für medizinische Zwecke geeignet ist.“[73]

Vor dem Hintergrund der regulatorischen Intransparenz erscheinen Investitionen in den mHealth-Sektor deshalb derzeit als ausgesprochen riskant. Dennoch fließen der Branche nach wie vor umfangreiche Gelder zu.

3.5 Investitionsströme und Wachstumsprognosen zu Gesundheits-Apps

Nach Erhebungen von MobiHealthNews flossen 2011 Investitionen von über 500 Mio. US-Dollar an Unternehmen der Mobile Health Branche.[74] Bemerkenswert ist, dass sich das Investitionsvolumen 2011 gegenüber 2010 mehr als verdoppelt, die Anzahl der Investitionsrunden sogar fast vervierfacht hat.[75] Bloomberg taxiert die Investitionszuflüsse 2011 auf 766 Mio. US-Dollar in Unternehmen, die „Health Information Apps“ produzieren.[76] Schließlich gibt Capital IQ die in „Digital Health Companies“ fließenden Investitionen mit 1.212 Mio. US-Dollar in 2011 noch deutlich höher an.[77]

73 ebenda, S. 3

74 MobiHealthNews, 2011: More than $500M in mobile health investments, http://mobihealthnews.com/16065/2011-more-than-500m-in-mobile-health-investments/

75 ebenda

76 Bloomberg, Ipad Toting Doctors Spur Venture Funding In Medical Apps, http://www.bloomberg.com/news/2012-06-18/oprah-aids-doctors-as-app-investments-soar-health.html

77 Rock Health, Rock Report: 2012 Midyear Funding Report, http://de.slideshare.net/RockHealth/rockhealth-2012-midyear-funding-report, 22.06.2012

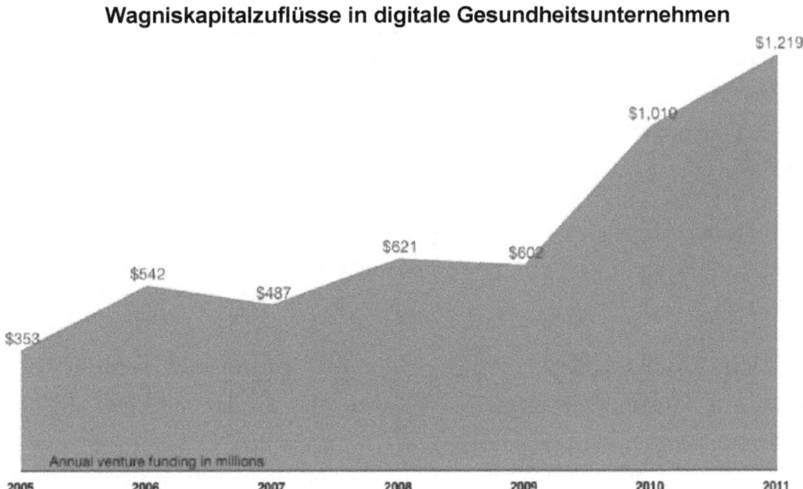

Abbildung 13: Wagniskapitalzuflüsse in digitale Gesundheitsunternehmen[78]

Im ersten Quartal 2012 wurden nach Angaben von Mercom Capital in insgesamt 27 Transaktionen 184 Mio. US-Dollar in „Healthcare IT" investiert.[79]

Unabhängig von der genauen Marktdefinition wird die Zunahme der Investitionsvolumina stark durch neue Fonds bzw. den Markteintritt neuer Investoren getrieben. So hat unter anderem das Mobilfunktechnologieunternehmen Qualcomm einen speziellen Fonds mit 100 Mio. US-Dollar Kapitalisierung ins Leben gerufen.[80] Bekannte Investoren, die in Entwickler von Gesundheits-Apps investiert haben, sind unter anderem Sequoia Capital, Founders Fund, Bain Capital und KPCB.

78 Rock Health, Rock Report: 2012 Midyear Funding Report, Data by Capital IQ

79 Mercom Capital Group, Healthcare IT Q1 2012 Funding and M&A, http://mercomcapital.com/healthcare-it-q1-2012-funding-and-ma-another-strong-quarter-with-$184-million-in-vc-funding-highest-number-of-deals-recorded-with-27

80 Bloomberg, Ipad Toting Doctors Spur Venture Funding In Medical Apps, http://www.bloomberg.com/news/2012-06-18/oprah-aids-doctors-as-app-investments-soar-health.html

Nach Angaben des Venture Capital Dienstleisters Capital IQ stieg der Anteil an Investitionen ins gesamte Gesundheitstechnologiesegment 2010 auf fast 3% des investierten Wagniskapitals und auf ca. 4% aller Venture-Capital-Transaktionen. Beide Werte lagen vor dem Jahr 2000 noch bei unter 1%.[81]

Wie auch bei Angaben zu Investitionsvolumina differieren sowohl aktuelle Umsatzzahlen als auch Umsatzprognosen im Bereich Gesundheits-Apps deutlich.

Das Marktforschungsunternehmen Kalorama Information beziffert den Umsatz mit Gesundheits-Apps auf 150 Mio. US-Dollar (bezogen auf den US-Markt) für 2011.[82] Die Herausgeber rechnen des Weiteren mit einem Marktwachstum der Gesundheits-Apps um jährlich 25% und damit mit einem stärkeren Wachstum als dem des allgemeinen App-Markts.[83] Das Marktforschungsunternehmen research2guidance erwartet für 2012 in etwa eine Verdopplung des globalen Umsatzes mit Gesundheits-Apps auf 1,3 Mrd. US-Dollar.[84]

Ein Ende 2011 von Juniper Research veröffentlichter Bericht prognostiziert für das Jahr 2016 insgesamt 142 Millionen Downloads von Gesundheits-Apps.[85] ABI Research geht in einer zum gleichen Zeitpunkt veröffentlichten Studie davon aus, dass im Markt für Gesundheits- und Fitness-Apps bis 2016 Umsätze von 400 Mio. US-Dollar erzielt werden.[86]

---

81 Rock Health, Rock Report: State of Digital Health, 01.08.2011

82 Healthcare Informatics, Research: Mobile Medical App market $150 Million and Rapidly Growing, http://www.healthcare-informatics.com/news-item/research-mobile-medical-app-market-150-million-and-rapidly-growing, 13.06.2012

83 ebenda

84 research2guidance, US$ 1.3 billion: The market for mHealth applications in 2012, http://www.research2guidance.com/us-1.3-billion-the-market-for-mhealth-applications-in-2012/, 25.01.2012

85 juniper research, Press Release: Mobile Healthcare and Medical App Downloads to Reach 44 Million Next Year, Rising to 142 Million in 2016, 29.11.2011

86 Techcrunch.com, Market For Mobile Health Apps Projected to Quadruple to $400 Million By 2016, http://techcrunch.com/2011/11/29/market-for-mobile-health-apps-projected-to-quadruple-to-400-million-by-2016/, 29.11.2011

Grundlage für diese Umsätze sollen mehr als eine Milliarde jährliche Downloads von Gesundheits-Apps sein – also ein 7-fach höherer Wert als von Juniper Research vorausgesagt.[87] Die aktuellsten Marktdaten wurden von dem Unternehmen Global Data im August 2012 veröffentlicht: Gemäß dieser Analyse war der Markt für Gesundheits-Apps 2011 etwa 1,2 Mrd. US-Dollar wert.[88] Bis 2018 wird von einem jährlichen Wachstum (CAGR) von 39% bis auf 11,8 Mrd. US-Dollar ausgegangen.[89]

3.6 Zwischenfazit

Der Trend, das Mobiltelefon zur Gesunderhaltung und zur Therapieunterstützung einzusetzen, gewinnt unverkennbar an Dynamik. Der Markt für Gesundheits-Apps wird mittlerweile von zahlreichen, teils hochspezialisierten Anbietern erschlossen, deren Anliegen von der Erleichterung des Arbeitsalltages von medizinischem Fachpersonal bis zur Verhaltensmodifizierung von chronisch kranken Patienten reichen. Die deutlich ausgeprägte Erwartungshaltung an die Branche, ein überdurchschnittliches Wachstum zu erreichen und langfristig eine hohe Rendite zu erwirtschaften, spiegelt sich nicht zuletzt in den hohen Investitionszuflüssen von Risikokapitalgebern wider.

Für das zukünftige Wachstum des Gesundheits-App-Marktes werden nicht mehr ausschließlich Endverbraucher, sondern durch die sich abzeichnende Integration in bestehende Gesundheitssystemstrukturen zunehmend auch Krankenversicherungen und Leistungserbringer relevant sein. Hinsichtlich der erwarteten Wachstumsraten erscheint es indes fraglich, ob die optimistischen Prognosen für den Gesundheits-App-Markt im Rahmen der sich ändernden regulatorischen Rahmenbedingungen aufrechtzuerhalten sind.

---

87 ebenda

88 Global Data, mHealth: Healthcare Goes Mobile, http://www.globaldata.com/PressReleaseDetails.aspx?PRID=294&Type=Industry&Title=Medical+Devices, 03.08.2012

89 ebenda

4 Strukturierung und Analyse des Marktes für Gesundheits-Apps in Deutschland

Die Analyse der Marktstruktur von Gesundheits-Apps ist ein zentraler Aspekt dieser Studie. Anhand einer Stichtagsbetrachtung der am häufigsten heruntergeladenen Gesundheits-Apps soll im Folgenden untersucht werden, welche Anwendungen besonders stark nachgefragt werden, welche Funktionalitäten sich vorrangig etabliert haben und welche Zielgruppen angesprochen werden. Darüber hinaus soll auch die Monetarisierung der unterschiedlichen Apps betrachtet werden.

4.1 Systematik und Umfang der Analyse von Gesundheits-Apps

Wegen der in sich konsistenten Datenlage, des einheitlichen Datenformats und der Tatsache, dass es sich um den ältesten App Store handelt und folglich die Volatilität der App-Positionen im Store vergleichsweise gering ist, basiert die nachfolgende Analyse auf dem Apple App Store (AAS). Der AAS bietet lediglich Apps für das Apple Betriebssystem iOS an. Dass sich die Ergebnisse somit nicht uneingeschränkt auf den Markt für das in Deutschland am stärksten vertretene mobile Betriebssystem Android übertragen lassen, wurde mit Blick auf die Datenlage in Kauf genommen. Hinzu kommt, dass es die Vielzahl an App Stores für Android außerordentlich schwierig macht, die unterschiedlich granulierten Daten der einzelnen App-Store-Betreiber zusammenzuführen und ein einheitliches Bild des App-Angebotes zu gewinnen.

4.2 Gliederung des Apple App Stores und des resultierenden Datenpools

Der AAS gliedert sich in 23 von Apple vorgegebene Kategorien. Der Bereich Gesundheit wird mit den zwei Kategorien „Gesundheit und Fitness" und „Medizin" adressiert. Eine App kann in einer Primär- und zusätzlich einer Nebenkategorie aufgeführt werden. Die Zuordnung zu diesen Kategorien wird vom Anbieter der App während des Einstellens in den AAS vorgenommen. Diese Freiheit in der Zuordnung führt dazu, dass Gesundheits-Apps auch in angrenzenden Kategorien, maßgeblich „Lifestyle", „Sport" oder „Essen und Trinken", aufgeführt sein können. Wie in Kapitel zwei gezeigt, ist das Interesse der Nutzer an Sport- und Lifestyle-Apps größer als an Gesundheits-Apps. Da der Wettbewerb jedoch in den Kategorien „Gesundheit und Fitness" und „Medizin" deutlich geringer ist als in den Kategorien „Lifestyle" oder „Sport", ist davon auszugehen, dass sich die Verzerrungen durch themenfremde Zuordnungen in Grenzen halten.

Bei dem AAS handelt es sich um ein geschlossenes, von Apple vollständig kontrolliertes System, da nur solche Apps angeboten werden, die Apple Inc. im Rahmen eines Freigabeprozesses zulässt. Entsprechend der ausgesprochen verschwiegenen Konzernpolitik von Apple werden Daten aus dem AAS nur in sehr eingeschränktem Umfang für Analysezwecke bereitgestellt.

Als Rohdaten dienen die öffentlich per RSS-Feed zur Verfügung gestellten Top-Rankings des Apple App Store. Zugegriffen wurde dabei auf die jeweils Top 100 Apps des deutschen AAS der Listen „Free" (= kostenlos), „Paid" (= initial kostenpflichtig) und „Grossing" (= führend im Umsatz) aus den Kategorien „Gesundheit und Fitness" und „Medizin". Die Kategorie „Grossing" kommt durch einen als „In App Purchase" (IAP) genannten Monetarisierungsmechanismus zustande, der eine Umsatzerzielung auch nach kostenfreier Erstinstallation ermöglicht. Die Analyse erfolgte auf Basis einer Momentaufnahme vom 01.08.2012. Zu diesem Zeitpunkt wurden die gesamten Daten importiert.

Nach der Bereinigung der Daten von Doubletten aus den jeweils drei zusammengeführten Listen setzt sich der Pool der analysierten Apps folgendermaßen zusammen:

Primärkategorie Medizin	245 Apps
Primärkategorie Gesundheit und Fitness	220 Apps
Insgesamt	465 Apps

Nach der Selektion wurden die im Folgenden aufgeführten verfügbaren Daten in einer Tabelle aggregiert und schließlich mit Metadaten codiert.

4.3 Importierte Daten

Die zur Analyse importierten Daten aus dem AAS setzen sich aus folgenden Feldern pro App zusammen:

- Name: Name der App, wie im AAS angezeigt
- Apple-ID: Eineindeutige Nummer, die im AAS als Referenz genutzt wird
- Launch Date: Zeitpunkt, zu dem die erste Version der App im AAS gelistet wurde
- Artist: Inhaltlicher Entwickler der App
- Seller: Verkäufer, auf dessen Rechnung die App im AAS verkauft wird
- Copyright: Inhaber der Urheberrechte an der App und deren Inhalten
- Primary Category: Hauptkategorie, in der die App im AAS geführt wird
- Rank Free/Paid/Grossing: Rang der App in der Hauptkategorie
- Price: Der bei initialem Download und Installation fällige Preis im AAS
- Rating: Auf halbe Sterne gerundete Skala von 1–5 Sterne
- In-App-Purchasing (IAP): Angabe, ob Inhalte in der App erworben werden können
- Description: Beschreibungstext der App aus dem AAS

Die Downloadzahlen, also die Anzahl der tatsächlich heruntergeladenen und installierten Apps, werden im AAS nicht veröffentlicht. Stattdessen wurden diese Angaben – sofern vorhanden – von der Webseite des Analyseanbieters Xyologic eingeholt, der mithilfe eines proprietären Algorithmus anhand des Rankingverlaufs der Apps näherungsweise die Downloadwerte ermittelt. Eine Auswertung dieser Daten hat sich jedoch als nicht sinnvoll herausgestellt, da lediglich bei einem Bruchteil der Apps Downloadzahlen vorhanden waren und so keine aussagekräftigen Ergebnisse generiert werden konnten.

4.4 Zusätzlich erfasste Metadaten

Um eine über die Verwertung der Rohdaten hinausgehende Analyse zu ermöglichen, wurde jede der selektierten Apps mit zusätzlichen Metadaten versehen. Die Metadaten lassen sich in folgende Dimensionen untergliedern:

- App Typ: Handelt es sich tatsächlich um eine Gesundheits-App oder um eine App, die irreführenderweise in einer der beiden Kategorien „Gesundheit und Fitness“ oder „Medizin“ eingruppiert wurde
- App Sprache: Angabe, ob die Benutzeroberfläche der App in Deutsch, Englisch oder einer anderen Sprache verfasst ist
- Herausgeber Typ: Zuordnung des vom Anwender primär wahrgenommenen Herausgebers der App zu einer Gruppe
- Zielgruppe: Angabe zur Zielgruppe der App, untergliedert in Endverbraucher, Arzt, Medizinstudent und andere medizinische Berufe (Krankenschwester, Techniker, Rettungsassistent)
- Kategorie, Subkategorie, Sub-Subkategorie: Einordnung der App in eine inhaltlich abgrenzbare therapeutische Kategorie
- Primärfunktion: Erfassung der vorrangigen Funktionalität der App
- Indikationsgebiet: Versuchsweise Zuordnung der App in eines der ICD-10 Kapitel
- Gesundheitsphase: Grobe Einordnung der App in eine bestimmte Gesundheitsphase
- Konnektivität: Schematische Einteilung in Anbindungs- und Kommunikationsmöglichkeiten der App

In Anlage 1 werden die Metadaten detailliert erklärt.

4.5 Erläuterung der Zuordnung und Abgrenzung von Gesundheits-App-Kategorien

Für die Zuordnung der Apps wurden folgende grundlegende Regeln definiert:

Die von dem veröffentlichenden Unternehmen ausgelobten Einsatzbereiche und Funktionalitäten stehen im Vordergrund und werden bevorzugt zur Klassifizierung herangezogen.

Wenn sich eine App für mehrere Einsatzbereiche anbietet (was bei den meisten Apps der Fall ist), wird die Klassifizierung nach wichtigstem Einsatzbereich und wichtigster Funktionalität vorgenommen.

Sollte ein Klassifizierungskonflikt entstehen, da eine App sowohl für den Einsatz in einer bestimmten Situation als auch für eine bestimmte Patientengruppe vorgesehen ist, gibt die Patientengruppe den Ausschlag (Bsp.: App zur Erinnerung an die Einnahme oraler Kontrazeptiva würde nicht „Arzneimittel und Medikation“, sondern „Frauen- und Kindergesundheit“ zugeordnet).

Anhand ausgewählter Beispiele soll die Zuordnung der Apps verdeutlicht werden:

Kategorisierungsbeispiel 1 – App: „Rücken Profi HD - Biehlsoft“
Als Kategorie bietet sich an: „Physische Gesundheit“, Subkategorie „Chronische Erkrankungen“, Sub-Subkategorie „Rückenschmerzen“. Da die App klare Anweisungen für isolierte Übungen und kein über mehrere Tage oder Wochen dauerndes Programm enthält, ist „Instruktion” die korrekte Funktion. Die passende ICD-10 Klasse ist „M00 – M99: Krankheiten des Muskel-Skelett-Systems und des Bindegewebes“. Da die App Übungen zur Vorbeugung von Rückenschmerzen enthält und außerdem Hinweise und Tipps, um Überlastungen des Rückens zu vermeiden, wird die App in die Gesundheitsphase „Prävention“ eingeordnet.

Kategorisierungsbeispiel 2 – App: „i.Run – GPS Lauftrainer für Jogging und Marathon"

Die App ist eindeutig im Bereich „Physische Gesundheit", Subkategorie „Ausdauer Training", Sub-Subkategorie „Laufen" anzusiedeln. Funktion ist „Aufzeichnen", da es hauptsächlich um das Protokollieren absolvierter Trainingsrouten und daraus abgeleiteter Werte wie Geschwindigkeit usw. geht und diese Funktionalität gegenüber einer „Coach"-Funktion klar im Vordergrund steht. Da der durch das Tracking hervorgerufene Trainingseffekt primär der Steigerung der Herzleistung dient, ist die am ehesten zutreffende ICD-10 Klasse die „I00 – I99: Krankheiten des Kreislaufsystems". Obwohl die App in gemäßigterer Form auch in der Gesundheitsphase „Wohlbefinden" oder mit stärker vorbeugender Ausrichtung in der Gesundheitsphase „Prävention" zum Einsatz kommen könnte, liegt der Fokus auf der Verbesserung der körperlichen Leistungsfähigkeit. Somit fällt die App in die Gesundheitsphase „Leistungssteigerung".

Kategorisierungsbeispiel 3 – App: „Ultimate Ultrasound Reference Toolbox"

Die App wird der Kategorie „Medizin" und der Unterkategorie „Diagnostik" zugeordnet. Als Funktion kommen „Referenz" oder „Lernreferenz" in Frage. Da im Erklärungstext weder eine Lernfunktion angegeben wird noch Medizinstudenten angesprochen werden und außerdem Standardwerte für typische Messungen sowie assoziierte Laborwerte hinterlegt sind, erscheint die Zuordnung zu „Referenz" als sinnvoll. Einer ICD-10 Klasse kann die App nicht zugeordnet werden („N.A."), da sie sich nicht bloß auf eine bestimmte Indikation oder ein bestimmtes Organ bezieht, sondern Ultraschallbilder zahlreicher Organe enthält. Im Vordergrund bei der Einordnung in eine Gesundheitsphase steht die „Diagnose".

Nachdem die zur Analyse herangezogenen Daten, die manuell erfassten Metainformationen und das Klassifizierungsschema sowohl theoretisch, als auch anhand praktischer Beispiele erläutert wurden, wird im folgenden Kapitel die Auswertung der Daten vorgenommen.

4.6 Analyse des Marktes für Gesundheits-Apps in Deutschland anhand der im AAS gelisteten Top „Gesundheit und Fitness"- und „Medizin"-Apps

Bei einer Betrachtung der Zielgruppen wird deutlich, dass nur etwa 15% aller analysierten Gesundheits-Apps an Ärzte gerichtet sind. Apps, die sich an Fachkreise und Medizinstudenten richten, addieren sich auf 21%. Der Anteil der Endverbraucher-Gesundheits-Apps liegt mit etwa 80% um ca. 10% höher als bei anderen Analysen wie z.B. dem MHN-Report „An Analysis Of Consumer Health Apps For Apple's iPhone 2012".

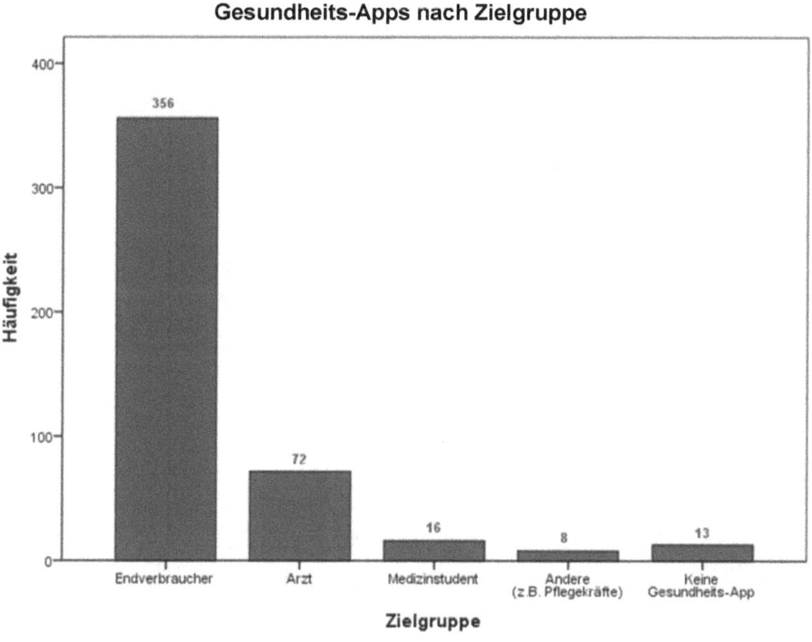

Abbildung 14: Gesundheits-Apps nach Zielgruppe[90]

Da in der AAS-Rubrik „Gesundheit und Fitness" keine Apps für Fachkreise gelistet sind, wird deutlich, dass die Bezeichnung der Rubrik „Medizin"

[90] Eigene Auswertung, Datenbank auf Basis AAS, Stichprobe 01.08.2012

insofern in die Irre führen kann, als auch in dieser Rubrik fast 60% der Apps auf den Endverbraucher abzielen.

Der Markt der Gesundheits-Apps wird eindeutig von Softwareherstellern, unabhängigen App-Entwicklern und Verlagen beherrscht – diese drei Herausgebergruppen zeichnen für 84% der Top-Gesundheits-Apps verantwortlich, wobei sich allein der Anteil der Softwarehersteller auf 46% beläuft. Weder Krankenversicherungen noch pharmazeutische Unternehmen haben mit 2,8% bzw. 2,6% einen relevanten Anteil an den Top-500-Gesundheits-Apps.

Eine Bewertung der Nutzerzufriedenheit in Abhängigkeit vom Herausgeber anhand der innerhalb des AAS üblichen Sterneskala von eins bis fünf ist nur zum Teil aussagekräftig, da die Fallzahlen für eine aussagefähige Auswertung bei den meisten Herausgebergruppen zu gering sind.

Bewertung von Gesundheits-Apps mittels Sterne-Skala von 1-5

Herausgebertyp	Mittelwert	N
Klinik	4,5	4
Anderes Gesundheitsunternehmen	4,5	4
Krankenversicherung	4,0	13
Gemeinnützige Organisation	4,0	3
Patientengruppe	4,0	2
Andere	3,9	10
Apotheke	3,8	5
Pharmahersteller	3,7	12
Verlagshaus	3,6	75
Software-Unternehmen	3,6	207
Unabhängiger Entwickler	3,5	97
Fachgruppe	3,3	3
Fachkreisangehöriger	3,0	1

Abbildung 15: Bewertung von Gesundheits-Apps[91]

Von den 356 an Endverbraucher gerichteten Apps werden 313 oder knapp 88% in Deutsch angeboten, 43 oder ca. 12% sind in Englisch verfasst. Bei

[91] Eigene Auswertung, Datenbank auf Basis AAS, Stichprobe 01.08.2012

den Apps für Ärzte verschiebt sich dieses Verhältnis auf 65% Deutsch zu 35% Englisch.

Die Möglichkeit, die mithilfe der App erfassten persönlichen Daten via E-Mail oder soziale Medien zu kommunizieren, bieten im Bereich der Endverbraucher-Apps bislang nur etwa 20%: Etwa 5% der Anwendungen nutzen E-Mail, etwa 9% Facebook und/oder twitter. Knapp 6% der Apps erlauben den Informationsaustausch innerhalb einer eigenen Community.

Thematisch betrachtet widmet sich der größte Anteil der untersuchten Gesundheits-Apps der physischen Gesundheit. Die zweitgrößte, unter dem Oberbegriff „Medizin" zusammengefasste Gruppe beinhaltet alle Fachkreise-Apps. Auffallend ist die große Anzahl an „Frauen- und Kindergesundheit"-Apps sowie die große Rubrik der „Mentalen Gesundheit". Überraschend klein ist hingegen die Kategorie „Arzneimittel und Medikation" mit lediglich 21 Apps, gehört doch die Erinnerung an die Einnahme von Arzneimitteln zu einer der am häufigsten erwähnten Anwendungen von Gesundheits-Apps.

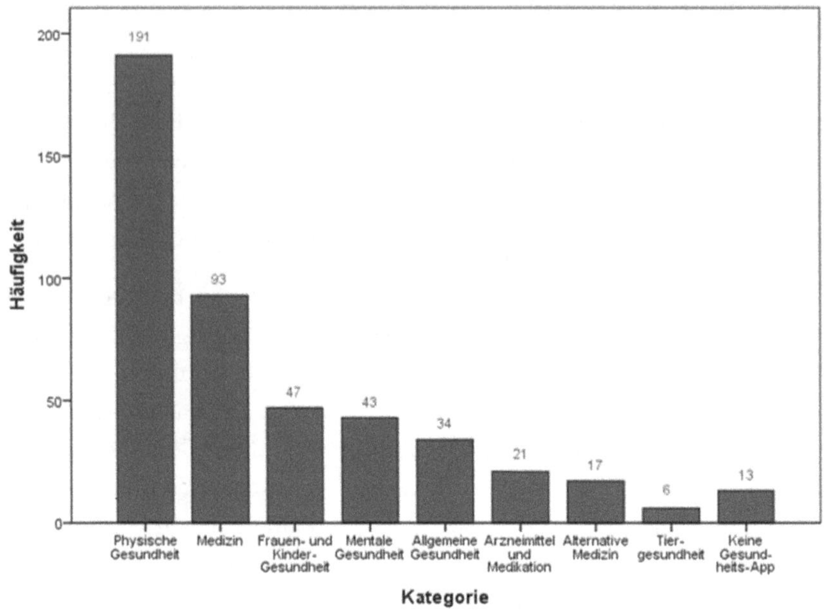

Abbildung 16: Gesundheits-Apps nach Kategorie[92]

Im Folgenden soll auf die fünf größten Kategorien gesondert eingegangen werden.

Die genauere Beleuchtung der Kategorie „Physische Gesundheit" zeigt, dass diese vor allem deshalb so umfangreich ausfällt, weil sie neben den Diät-Apps auch sämtliche Trainings-Apps beinhaltet, die im AAS unter „Gesundheit und Fitness" gelistet sind. Die Vermutung, dass Apps zur Begleitung chronischer Erkrankungen in den am häufigsten installierten Gesundheits-Apps stark vertreten sind, bestätigt sich nicht. Dies erscheint zwar einerseits nachvollziehbar, da generelle Themen wie Ernährung und Training für einen deutlich größeren Nutzerkreis von Bedeutung sind als krankheitsspezifische Apps. Andererseits offenbaren diese Zahlen, dass besonders bei „Volkskrankheiten", wie z.B. Hypertonie oder Diabetes Mel-

92 Eigene Auswertung, Datenbank auf Basis AAS, Stichprobe 01.08.2012

litus, noch beachtliches Potenzial für eine sinnvolle Nutzung von Gesundheits-Apps vorhanden ist.

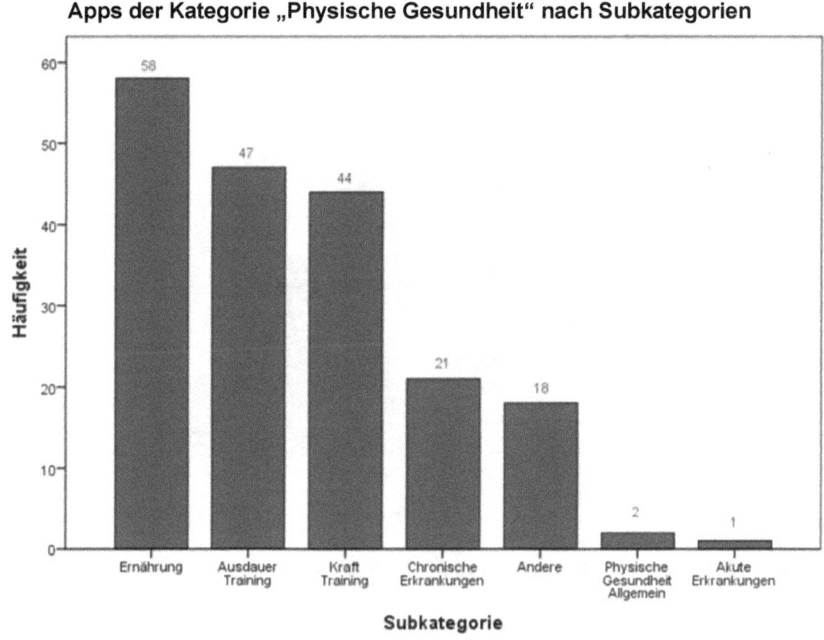

Abbildung 17: Apps der Kategorie Physische Gesundheit[93]

Die Kategorie „Frauen- und Kindergesundheit“ setzt sich vorrangig aus Menstruations-Trackern und Apps, die der Schwangerschaftsbegleitung dienen, zusammen. Stark vertreten sind in diesem Bereich auch Apps zur Ermittlung des optimalen Empfängniszeitpunktes sowie Informations-Apps für die ersten Lebensmonate des Neugeborenen. Die Subkategorie „Andere“ enthält vor allem Einnahmeerinnerungen für orale Kontrazeptiva. Erwähnenswert ist die App „Wehenzähler“: Sie ermöglicht das manuelle Stoppen von Wehendauer und -intervall, weist die erfassten Werte in Grafiken aus und ermöglicht so Rückschlüsse auf den Geburtsfortschritt.

93 Eigene Auswertung, Datenbank auf Basis AAS, Stichprobe 01.08.2012

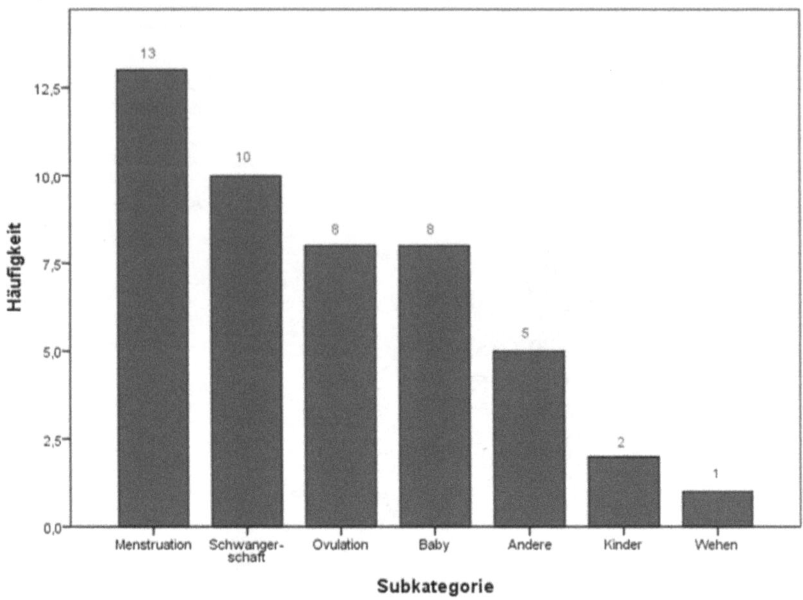

Abbildung 18: Apps der Kategorie Frauen- und Kindergesundheit[94]

Unter „Mentale Gesundheit“ finden sich hauptsächlich Apps zum Thema „Schlaf“ und „Stress“. Dabei dominieren Anwendungen für Entspannungstechniken, wie Autogenes Training und Progressive Muskelentspannung, sowie Apps, die eine hypnotische Wirkung versprechen oder mithilfe meditativer Klänge für Beruhigung sorgen sollen. In der Subkategorie „Schlaf“ hat sich eine Gruppe Wecker-Apps etabliert, die durch die Auswertung der im iPhone integrierten Bewegungssensoren den optimalen Weckzeitpunkt innerhalb einer vorgegebenen Zeitspanne eruieren sollen. Durch das Ertönen des Alarmtones in Gesundheitsphasen, in denen die Sensoren eine erhöhte körperliche Aktivität messen, wird der Weckvorgang angeblich deutlich schonender gestaltet.

Die Subkategorie „Sucht“ enthält vorrangig Apps zur Raucherentwöhnung.

---

94 Eigene Auswertung, Datenbank auf Basis AAS, Stichprobe 01.08.2012

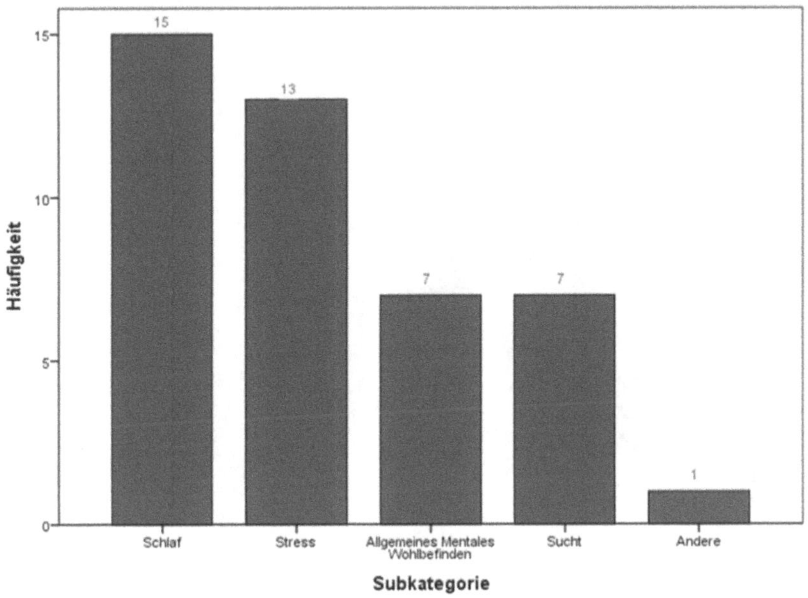

Abbildung 19: Apps der Kategorie Mentale Gesundheit[95]

Die größte Gruppe in der mit „Allgemeine Gesundheit“ bezeichneten Kategorie bilden die Notfall-Apps. Hierunter fallen einerseits Apps, die als Anleitung für das richtige Handeln im Notfall genutzt werden können, und andererseits Apps, in denen Informationen hinterlegt sind, falls der Inhaber des Smartphones in eine Notfallsituation gerät. „Andere“ dient als Sammelbecken für sonst nicht zuzuordnende Apps, z.B. die DRK Blutspende-App oder eine Sonneneinstrahlungs-App zur Vermeidung zu starker UV-Exposition. „Information“ umfasst diverse Arzt- und Kliniksuchen und „Gesundheitssystem“ beinhaltet Referenzen, um GOÄ-Werte zu ermitteln, ICD-10 Diagnoseschlüssel und Apps zur Abrechnung mit der Krankenversicherung (PKV).

95 Eigene Auswertung, Datenbank auf Basis AAS, Stichprobe 01.08.2012

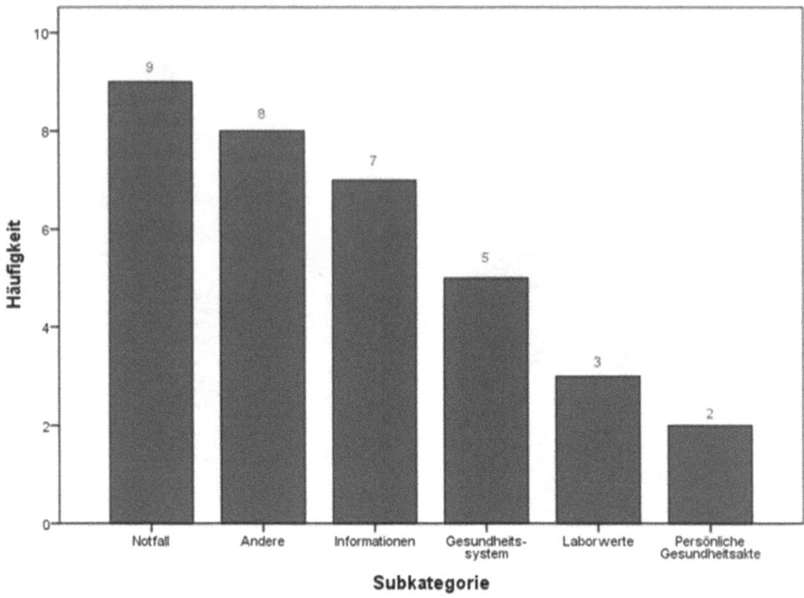

Abbildung 20: Apps der Kategorie Allgemeine Gesundheit[96]

Unabhängig von der Zuordnung zu einer bestimmten Unterdisziplin ist die Kategorie Medizin stark durch Nachschlagewerke und Leitfäden geprägt – dies gilt insbesondere für die Subkategorie „Innere Medizin“. Da ausgesprochen viele Apps aus dieser Kategorie nur bedingt einer Subkategorie zuzuweisen sind, stellt „Andere“ die größte Gruppe dar. Hierunter fallen Medien-Apps, fachübergreifende medizinische Kalkulatoren oder Apps zur mobilen Nutzung von PubMed. Erwartungsgemäß rangieren Apps zu Arzneimitteln (Nachschlagewerke wie ifap, Arzneimittel iPocket usw.) und Anatomie weit vorne. Wegweisende Anwendungen finden sich vor allem im Bereich Diagnostik, z.B. Anwendungen zur mobilen Betrachtung von CT- und MRT-Aufnahmen.

---

96 Eigene Auswertung, Datenbank auf Basis AAS, Stichprobe 01.08.2012

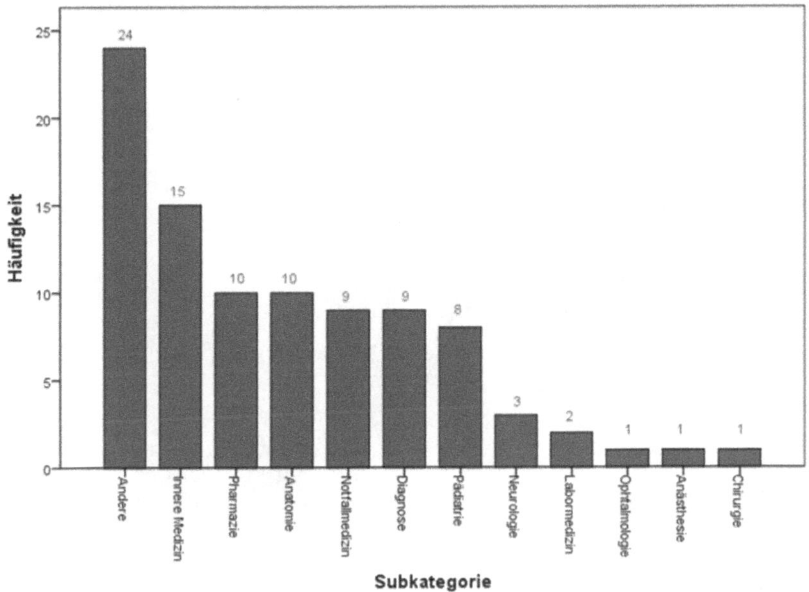

Abbildung 21: Apps der Kategorie Medizin[97]

Werden die untersuchten Gesundheits-Apps auf ihre Funktion hin analysiert, fällt auf, dass „Vermitteln“, „Führen“ und „Aufzeichnen“ als übergeordnete Funktionalitäten mit jeweils über 100 Apps die umfangreichsten Gruppen bilden. Apps für das „Ermitteln“ z.B. von Diagnosen oder medizinischen Parametern sind deutlich seltener.

Bei lediglich 24 der untersuchten Apps steht das „Verbinden“ im Sinne von Kommunizieren, Auffinden eines Leistungserbringers oder Tätigen eines Arzneimittelkaufes im Mittelpunkt der Funktion – obwohl das Smartphone in erster Linie eine Kommunikationsplattform ist.

97 Eigene Auswertung, Datenbank auf Basis AAS, Stichprobe 01.08.2012

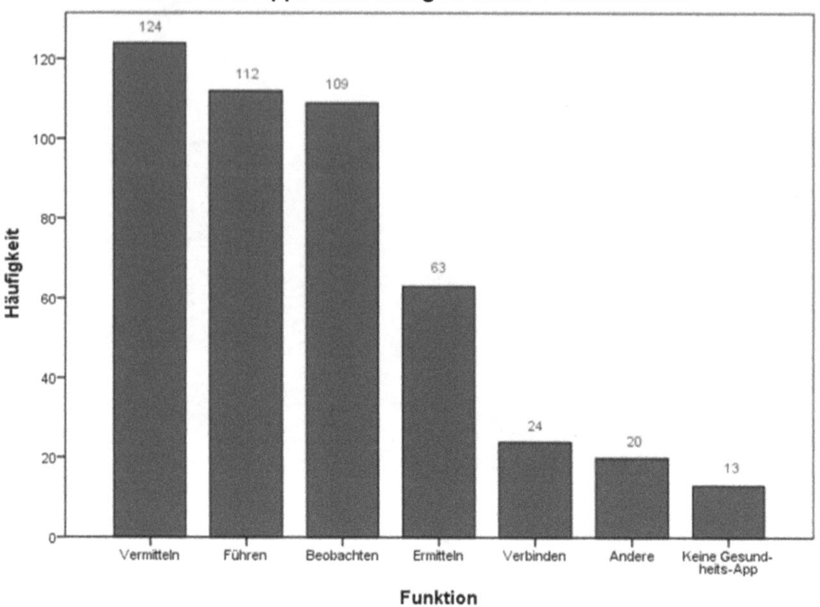

Abbildung 22: Gesundheits-Apps nach übergeordneter Funktionalität[98]

Bei einer Auflistung der Gesundheits-Apps nach ihrer Funktion erschließt sich unmittelbar die Dominanz von drei Gruppen:

- Apps, die der Aufzeichnung von Aktivitäten dienen (sog. „Tracker“)
- Apps, die über eine Referenzfunktion verfügen (z.B. zum Nachschlagen von Laborwerten oder Arzneimitteln)
- Apps, die Instruktionen geben (z.B. für bestimmte Fitnesstechniken wie Pilates, für Kraftübungen wie Rückentrainings oder für Erste-Hilfe-Maßnahmen).

Stark vertreten sind weiterhin Apps, die den Endverbraucher über einen mittelfristigen Zeitraum bei der Erreichung seiner Ziele unterstützen, und

98 Eigene Auswertung, Datenbank auf Basis AAS, Stichprobe 01.08.2012

Apps, deren Einsatz eine direkte Linderung verspricht (z.B. bei Stress oder Einschlafstörungen).

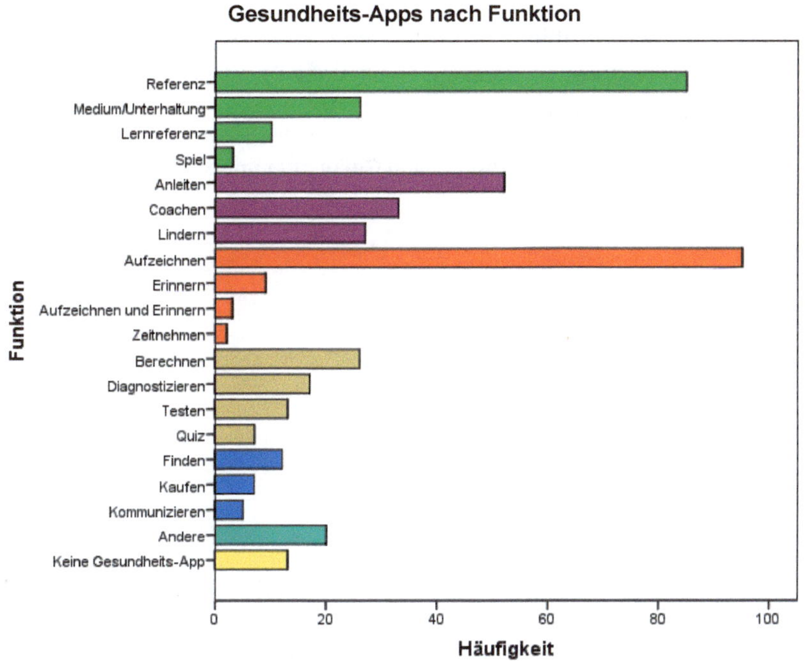

Abbildung 23: Gesundheits-Apps nach Funktion[99]

Ein Diagramm, das die Zugehörigkeit der Apps zu Gesundheitsphasen visualisiert, zeigt, dass die Mehrzahl der Apps für Endverbraucher der Leistungssteigerung und der Optimierung des Wohlbefindens dient. Zwar weist das Modell explizit die Gesundheitsphase „Prävention“ auf, legt man die Steigerung der körperlichen Leistungsfähigkeit und die Verbesserung des Wohlbefindens jedoch auch als präventiv wirksame Maßnahmen aus, so kann konstatiert werden, dass fast 70% der untersuchten Gesundheits-Apps für Endverbraucher der Vorsorge dienen. Die der Gesundheitsphase „Therapie“ zugeordneten Apps sind vorrangig im alternativmedizinischen

[99] Eigene Auswertung, Datenbank auf Basis AAS, Stichprobe 01.08.2012

Bereich anzusiedeln und greifen u.a. Themen wie homöopathische Präparate, Schüßler-Salze oder Bach-Blüten auf. Unter „Management“ finden sich solche Apps, die dem Patienten die Dokumentation des Krankheitsverlaufes oder ausgewählter Symptome und somit den Umgang mit einer Erkrankung erleichtern. Vorrangige Indikationen sind neben Diabetes z.B. Bluthochdruck oder Schmerz.

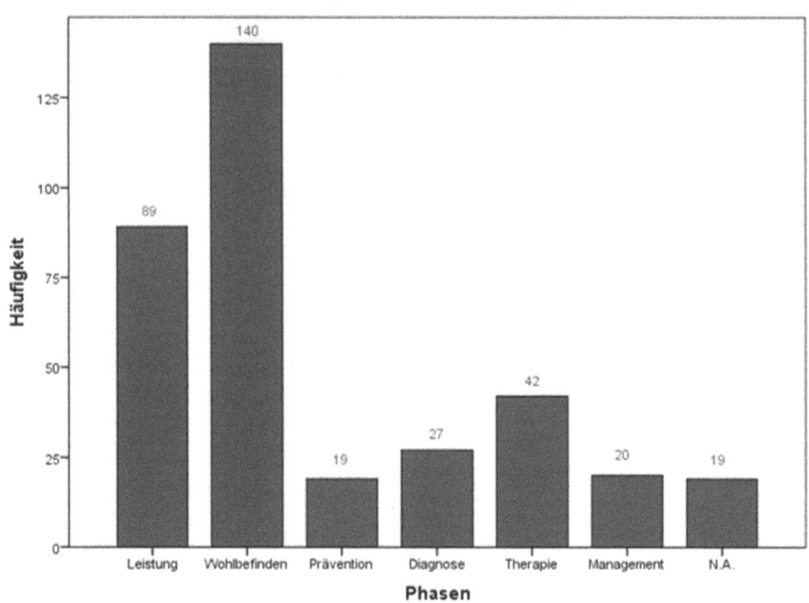

Abbildung 24: Gesundheits-Apps nach Gesundheitsphasen[100]

Die Zuweisung von Gesundheits-Apps zu einem bestimmten ICD-10 Kapitel kann lediglich als Versuch verstanden werden, eine Brücke zwischen der relativ unstrukturierten Klassifizierung innerhalb des AAS und der stringent strukturierten medizinischen Klassifizierung vorzunehmen, so dass zumindest eine grobe Quantifizierung der angebotenen Apps nach einer in der Medizin anerkannten Systematik möglich ist. Bei der Interpre-

[100] Eigene Auswertung, Datenbank auf Basis AAS, Stichprobe 01.08.2012

tation muss jedoch berücksichtigt werden, dass es zu irreführenden Schlussfolgerungen kommen kann, da das In-Beziehung-Setzen von Apps zu ICD-10 Kapitel leicht suggeriert, dass es sich bei der App um eine therapeutische Intervention handelt. Wie jedoch aus der Auswertung nach Gesundheitsphasen ersichtlich wird, sind die meisten Apps im Bereich der Prävention anzusiedeln und haben folglich keine therapeutische Zielsetzung.

Hinzu kommt, dass bei der Mehrheit der analysierten Apps eine Zuordnung zu einem ICD-10 Kapitel gar nicht möglich ist, da diese Apps entweder einen zu breiten Anwendungsbereich haben, um einem bestimmten Organsystem zugeordnet werden zu können, oder sie sich aufgrund ihres Inhaltes einer medizinischen Klassifizierung entziehen.

Die nachfolgende Darstellung für die an Endverbraucher gerichteten Apps spiegelt die Verteilung wider, die sich bereits in der Auswertung nach Kategorien abgezeichnet hat. Sie weist jedoch eine überraschend klare Zweiteilung auf: Die fünf umfangreichsten ICD-10 Codes kommen auf 241, die restlichen acht Codes nur auf 32 Apps.

Die mit 59 Apps größte indikationsbezogene Gruppe stellen Anwendungen dar, die den endokrinen, Ernährungs- und Stoffwechselkrankheiten zuzuordnen sind. Erklärt werden kann diese Spitzenstellung durch den hohen Anteil an Diät-Apps. Die darauf folgenden Gruppen – Krankheiten des Kreislaufsystems und Krankheiten des Muskel-Skelett-Systems – setzen sich vor allem aus Fitness-Apps zusammen. Wie auch schon in der Verteilung nach Kategorien fällt die hohe Anzahl an Apps auf, die die Themen Schwangerschaft und Geburt behandeln. Aufgrund des hohen Anteils an Apps gegen Stress und zur Verbesserung des Schlafes, sind die Codes „Psychische und Verhaltensstörungen“ mit 36 Programmen stark vertreten.

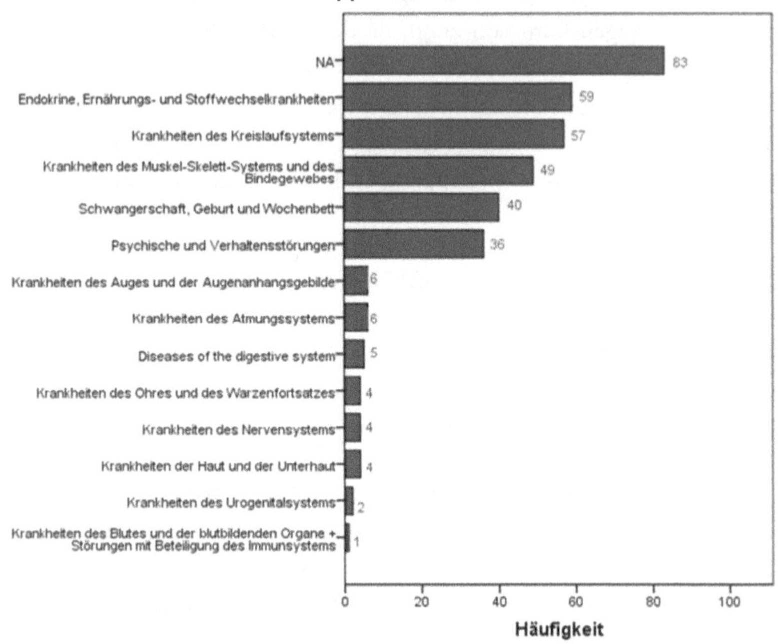

Abbildung 25: Gesundheits-Apps nach ICD-10 Code[101]

Schließlich stellt sich die Frage nach der Monetarisierung oder finanziellen Verwertbarkeit von Apps. Direkte, nicht werbebasierte Umsätze können auf zwei Arten innerhalb des AAS erzielt werden, einerseits durch das Erheben eines Kaufpreises für eine App, andererseits durch das Verkaufen von Inhalten oder Funktionalitäten innerhalb einer App, das sogenannte In-App-Purchasing (IAP). Der klassische Verkauf von Apps, d.h. das Fälligwerden einer Gebühr für den Download und die Installation der App, wird hierbei zunehmend vom IAP verdrängt. Bei diesem Modell können aus einer bereits installierten – zumeist kostenlosen – App selektiv Inhalte hinzugekauft werden. Die erneute Installation einer App ist für die Umsatzerzielung bei diesem Verfahren genauso wenig notwendig, wie das

101 Eigene Auswertung, Datenbank auf Basis AAS, Stichprobe 01.08.2012

nochmalige Ansteuern des App Stores selbst. Der Nutzer kann also aus dem unmittelbaren Umfeld der App heraus einen weiteren Kauf tätigen.

Trotz der Vorteile des IAP wird es erst bei 69 der 356 Endverbraucher-Gesundheits-Apps angeboten – also bei weniger als 20%. Betrachtet nach Kategorien wird IAP besonders häufig bei Apps in der Kategorie „Physische Gesundheit“ angewendet. Hier machen immerhin 27% aller angebotenen Apps von dieser Methode Gebrauch. Eine höhere Quote weist lediglich die Kategorie „Tiergesundheit“ auf, hier sind zwei von sechs Apps mit IAP-Mechanismen ausgestattet. Mit lediglich 2,9% und 4,8% bilden die Kategorien „Allgemeine Gesundheit“ und „Arzneimittel und Medikation“ die Schlusslichter in der IAP-Rangliste.

Da die Kosten für das Nachinstallieren von Inhalten oder Funktionalitäten nur teilweise im AAS veröffentlicht und per RSS gar nicht zugänglich gemacht werden, konnte keine Analyse der IAP-Verkaufspreise durchgeführt werden.

Die Verkaufspreise für die Installation kostenpflichtiger Apps werden hingegen von Apple veröffentlicht, so dass eine Auswertung dieser Preise vorgenommen werden konnte. Dabei fällt auf, dass die überwiegende Mehrheit der Apps kostenlos angeboten wird. Die Monetarisierung erfolgt in diesem Fall hauptsächlich durch Werbeeinblendungen, oder die App verfolgt einen anderen Zweck als den der unmittelbaren Umsatzerzielung, z.B. den der Kundenbindung bei Krankenversicherungen oder pharmazeutischen Herstellern. Häufig werden auch zwei Varianten von Apps angeboten – eine kostenlose sowie eine kostenpflichtige mit deutlich erweitertem Funktionsumfang. Die kostenlose Variante dient dann primär dazu, Kunden für die kostenpflichtige Version zu gewinnen.

Verkaufspreise von Endverbraucher-Apps

N	Gültig	356
	Fehlend	0
Mittelwert		1,28
Median		0,79
Standardabweichung		1,97
	25	0,00
Perzentile	50	0,79
	75	1,59

Abbildung 26: Verkaufspreise von Endverbraucher-Apps[102]

Der Mittelwert des Verkaufspreises über alle Kategorien der Endverbraucher-Apps hinweg beträgt 1,28 EUR, der Median liegt bei 0,79 EUR.

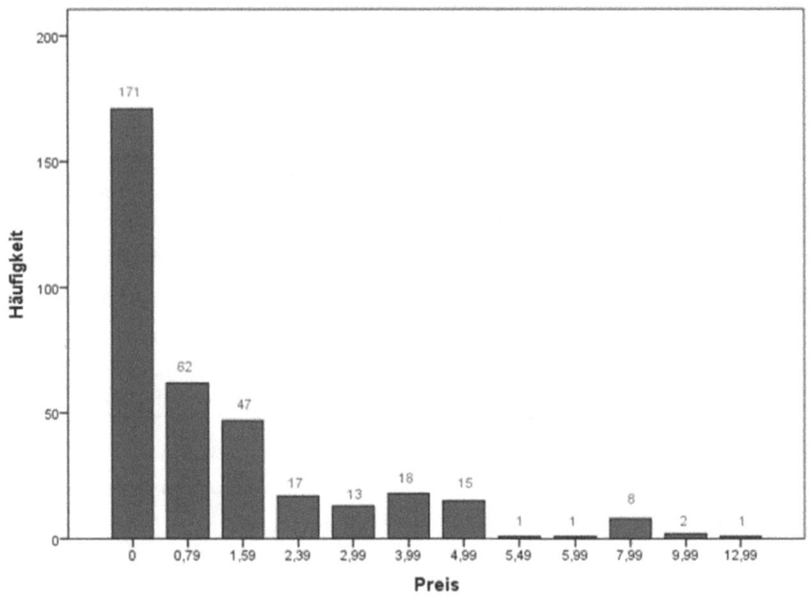

Abbildung 27: Preisverteilung von Gesundheits-Apps für Endverbraucher[103]

102 Eigene Auswertung, Datenbank auf Basis AAS, Stichprobe 01.08.2012

Wenn eine Gliederung der mit Apps zu erzielenden Preise nach Kategorien vorgenommen wird, ist auffällig, dass der höchste durchschnittliche Preis von 2,28 EUR in der Kategorie „Alternative Medizin" erreicht wird. Auch mit Apps im Bereich „Mentale Gesundheit" lassen sich vergleichsweise attraktive Verkaufspreise von im Mittel 1,76 EUR erzielen. Für den Verkauf einer App aus der Kategorie „Arzneimittel und Medikation" erhält der Anbieter hingegen im Durchschnitt nur 0,49 EUR.

Preisverteilung von Endverbraucher-Gesundheits-Apps nach Kategorien

Kategorie	N	Min	Max	Mittelwert
Alternative Medizin	14	0,00	4,99	2,28
Mentale Gesundheit	43	0,00	9,99	1,76
Physische Gesundheit	191	0,00	12,99	1,32
Frauen- und Kindergesundheit	47	0,00	5,49	1,24
Tiergesundheit	6	0,00	2,39	0,92
Allgemeine Gesundheit	34	0,00	7,99	0,63
Arzneimittel und Medikation	21	0,00	3,99	0,49

Abbildung 28: Preisverteilung von Endverbraucher-Apps nach Kategorie[104]

4.7 Diskussion der Marktanalyse von Gesundheits-Apps

Bei einer Bewertung der Ergebnisse muss berücksichtigt werden, dass die untersuchten Gesundheits-Apps den Top-Listen des AAS entnommen sind. Die Betrachtung ist dadurch zwangsläufig zugunsten populärer, downloadstarker Apps verzerrt und spiegelt nicht die gesamte inhaltliche Vielfalt des Gesundheits-App-Marktes wider. Besonders den aus therapeutischer Sicht interessanten Apps zum Managen chronischer Erkrankungen wird durch dieses Vorgehen nur unzureichend Rechnung getragen. Zur Untersuchung dieses Segmentes empfiehlt sich daher eine stichwortbasierte Recherche innerhalb des AAS oder eines anderen App Stores.

Zur Analyse der Marktstruktur erscheint die Orientierung an den Top-Positionen des AAS jedoch insofern vertretbar, als diese Positionen das durch die Endverbrauchernachfrage gefilterte Angebot optimal wieder-

103 Eigene Auswertung, Datenbank auf Basis AAS, Stichprobe 01.08.2012

104 Eigene Auswertung, Datenbank auf Basis AAS, Stichprobe 01.08.2012

geben. Darüber hinaus sind die Top-Positionen die einzig offen zugängliche Datenquelle, durch die überhaupt auf die Nachfrageverteilung nach Gesundheits-Apps geschlossen werden kann.

Eine zentrale Voraussetzung zur Untersuchung besteht darin, den Untersuchungsgegenstand hinreichend genau zu beschreiben. Ziel ist eine Definition, die einerseits den Begriff „Gesundheits-App“ exakt abgrenzt und andererseits im Rahmen der Recherche anwendbar und praktikabel ist. Für die Durchführung dieser Arbeit wurde der Begriff „Gesundheits-App“ aus der Zuordnung von Apps zu bestimmten Kategorien im AAS abgeleitet. Somit wurde jede App, die in einer der beiden relevanten Kategorien „Medizin“ oder „Gesundheit und Fitness“ enthalten ist, als Gesundheits-App deklariert. Während des Codierens bzw. Verschlagwortens wurden lediglich solche Apps aussortiert, die offensichtlich keinerlei Gesundheitsbezug aufweisen (z.B. Horoskope, Namensdatenbanken, Rollenspiele).

Dieses Vorgehen ist einer besseren Praktikabilität geschuldet, da andernfalls sämtliche Kategorien des AAS von Büchern bis Wetter auf Apps mit Gesundheits-Bezug hin hätten durchsucht werden müssen und außerdem keine Informationen bezüglich der Nachfrage zur Verfügung gestanden hätten, denn Top-Listen sind nur auf Ebene einzelner Kategorien verfügbar. Problematisch ist allerdings, dass der von Apple intendierten Struktur zur Eingruppierung von Apps von Seiten der Entwickler nur bedingt Folge geleistet bzw. diese von Apple selbst nur unzureichend durchgesetzt wird. Anders ist es z.B. nicht zu erklären, dass sich ein Großteil der Apps in der Rubrik „Medizin“ an Endverbraucher und nicht, wie von Apple beabsichtigt, an Fachkreise richtet.

Die Auswirkungen dieser auf der AAS-Struktur basierenden und vergleichsweise unscharfen Abgrenzung werden bei der Gliederung nach Gesundheitsphasen deutlich: Hier fällt auf, dass die Kombination aus Gesundheit und Fitness innerhalb des AAS zu einer starken Verschiebung des Schwerpunktes in Richtung „Leistung“ und „Wohlbefinden“ führt. Zwar ist unstrittig, dass auch diese Apps eine Wirkung auf die Gesundheit ihrer

Anwender haben, ein klassischer therapeutischer Nutzen steht hier jedoch nicht im Mittelpunkt.

Die Verteilung der Produzenten von Gesundheits-Apps belegt, dass die Beteiligten des klassischen Gesundheitssystems bislang kaum als Anbieter auf diesem Markt aktiv sind. Lediglich 5,4% aller untersuchten Apps stammen von Krankenversicherungen oder pharmazeutischen Unternehmen. Dies kann als klarer Beleg dafür gewertet werden, dass sich der Markt für Gesundheits-Apps tatsächlich ohne den Einfluss des stark regulierten Gesundheitssektors entwickelt hat. Die Marktentstehung wurde folglich auch nicht von Partikularinteressen einzelner Parteien gelenkt, sondern orientiert sich ausschließlich an dem Bedarf der Endverbraucher bzw. Patienten.

Dieser Bedarf scheint im Bereich der physischen Gesundheit überdurchschnittlich stark ausgeprägt, da ca. 40% aller klassifizierten Apps dieser Kategorie zugeordnet werden können. Fasst man Anwendungen für Kraft- und Ausdauer-Training zusammen, ist dies die mit weitem Abstand größte Gruppe – noch vor Ernährung.

Der hohe Anteil an Apps, die die körperliche Aktivität fördern, lässt den Schluss zu, dass das Vermeiden von Bewegungsmangel ein Hauptnutzen von Gesundheits-Apps ist. Bei der Interpretation des Ergebnisses ist allerdings zu berücksichtigen, dass diese Rubrik stärker als alle anderen von dem Fitness-Aspekt der AAS-Kategorie „Gesundheit und Fitness“ betroffen ist. Man kann also davon ausgehen, dass ein großer Teil, wenn nicht gar die Mehrheit der Nutzer dieser Apps bereits körperlich fit sind und vor allem ihre Leistung verbessern wollen, aber wahrscheinlich nur einen geringen zusätzlichen gesundheitlichen Nutzen durch die Verwendung der Apps erfahren. Gestützt wird diese Vermutung durch die bereits angesprochene Verteilung nach Gesundheitsphasen und den starken Anteil an Apps, die der Leistungssteigerung dienen.

Wenig überraschend ist die hohe Anzahl an Ernährungs-Apps. Ob als einfacher Kalorien-Zähler, Ernährungstagebuch oder umfassender Diät-Coach – Apps scheinen im Bereich Gewichtsreduktion bereits heute eine große Akzeptanz gefunden zu haben. Gestützt wird die Verbreitung nicht zuletzt durch die Übertragung weit verbreiteter Diäten wie z.B. „Weight Watchers" oder „Brigitte Diät" in das App-Format.

Aus Sicht der Zielstellung dieser Arbeit ist die ausgesprochen geringe Anzahl an Apps zur Unterstützung bei chronischen Erkrankungen ernüchternd. Der Autor erwartet hier mittelfristig das größte therapeutische Potenzial. Die Chroniker-Apps, die häufig genug heruntergeladen werden, um in den Top-Listen von Apple geführt zu werden, adressieren erwartungsgemäß weit verbreitete Krankheitsbilder wie Hypertonie, Diabetes und Rückenschmerzen. Einige „Helferapplikationen", wie Lupen oder auch Sehtests zum Messen des Fortschrittes der Fehlsichtigkeit, sind ebenfalls darunter. Erstaunlich ist, dass unter den nur 21 Apps dieser Subkategorie ein MS-Tagebuch und ein Rheuma-Laborwerte-Tracker angeboten werden.

Gleichermaßen unerwartet ist die geringe in den Top-Gesundheits-Apps gelistete Anzahl an Apps zu den Themen „Arzneimittel und Medikation". Potenzial ist hier vor allem in der von Grunderkrankungen unabhängigen Steigerung der Compliance, z.B. durch Erinnerung und Aufzeichnen, zu erwarten. Es ist jedoch davon auszugehen, dass vor allem multimorbide Patienten mit einer hohen „Pill Burden" von solchen Apps profitieren – obwohl unter diesen Patienten altersbedingt mit der geringsten Smartphonedichte zu rechnen ist.

Die starke Präsenz der Kategorie „Frauen- und Kindergesundheit" überrascht insofern, als mit dieser Kategorie geschlechterbedingt nur 50% der potenziellen Smartphone-Nutzer angesprochen werden, diese Art Anwendungen aber offensichtlich dennoch ein sehr starkes Downloadvolumen aufweist. Daneben reflektiert kaum eine Kategorie derart deutlich das hohe Maß an Vertrauen, das dem Smartphone und den entsprechenden Apps entgegengebracht wird: Selbst bei intimsten Themen, wie Menstruationsbeschwerden, Bestimmung des Ovulationszeitpunktes und Aufzeichnen der Empfängnisversuche, wird eine mobile Software von zahlreichen Nutzerinnen als sicher und vertrauenswürdig genug empfunden, um zur

Eingabe und Speicherung ausgesprochen persönlicher Informationen genutzt zu werden.

Erwähnenswert erscheint außerdem, dass die Subkategorie „Gesundheitssystem“ mit immerhin fünf Apps vertreten ist, haben diese Anwendungen doch vor allem zum Ziel, das System für den Patienten transparenter und z.B. Diagnosen verständlicher zu machen. Dies ist ein klares Indiz dafür, dass Patienten an bislang relativ schlecht zugänglichen und schwer verständlichen Informationen Interesse haben.

Im Bereich der vorherrschenden Funktionen wird deutlich, dass das Smartphone im Gesundheitskontext seinen Vorteil der unmittelbaren und permanenten Verfügbarkeit am häufigsten beim Aufzeichnen bzw. Protokollieren belegt. Unabhängig davon, ob es um erreichte Rundenzeiten beim Laufen, die Anzahl an physiotherapeutischen Rückenübungen, den Ovulationszeitpunkt, die Tabletteneinnahme, den Zigarettenkonsum, die aufgenommenen Kalorien oder das Gewicht und den Body-Mass-Index geht, erweist sich das Smartphone dank der passenden App als Langzeitgedächtnis, Logbuch und Protokoll. Dabei ist die Speicherung nur als eine der Komponenten zu verstehen, die dem Smartphone im Bereich des „Tracking“ zu dieser Popularität verhilft. Neben dem einfachen Erfassen dank benutzerfreundlicher Oberfläche sind weitere Faktoren besonders die intuitive Auswertbarkeit, z.B. in Form schnell erfassbarer Grafiken, und die an die Speicherung der Daten gekoppelten Interventionen, z.B. bei Nichterreichen eines bestimmten, vorher definierten Zieles.

Mit Blick auf die Monetarisierung wird deutlich, dass die Anwendungen im Bereich Training die innovativsten Umsatzmodelle verfolgen. Professionelle Anbieter wie Endomondo, runtastic, SmartRunner, Nike oder Adidas arbeiten bereits relativ häufig mit IAP und wenden teilweise zusätzlich Abonnement-Modelle an. Diese Art der Monetarisierung bietet den Vorteil einer langfristigen Bindung des Endverbrauchers und verstetigt somit die Einkommensströme für den Anbieter. Der Nutzer wird einem solchen Modell jedoch nur zustimmen, wenn er ein langfristiges Ziel mithilfe der App zu erreichen sucht. Käufe, die vergleichbar einem Ratgeber oder

Nachschlagewerk getätigt werden, lassen sich mit klassischen App-Käufen offensichtlich gut abdecken, wie die relativ hohen Verkaufspreise von im Mittel 2,28 EUR bei Apps zu Alternativer Medizin und 1,76 EUR bei Apps zur Mentalen Gesundheit belegen.

Schließlich ist festzuhalten, dass das Auffinden von Apps, die einen bestimmten Gesundheitszustand fördern wollen oder einen bestimmten Indikationsbereich behandeln, nur relativ schwierig möglich ist, da innerhalb des AAS keine Einordnung nach Indikationen vorgenommen wird. Dem kann entgegengehalten werden, dass Apple sich nicht als Hersteller von Medizinprodukten versteht und daher auch kein Interesse hat, eine medizinisch etablierte Taxonomie innerhalb des AAS einzuführen. Es ist auch fraglich, in welcher Form eine medizinisch korrekte und überschneidungsfreie Struktur für den Endverbraucher entscheidend ist, da davon ausgegangen werden kann, dass er sich an eine den Suchmaschinen ähnliche Suche per Schlagwort (z.B. über eine Indikation oder ein Symptom) gewöhnt hat – trotz der ausgesprochen hohen Bedeutung einer Spitzenplatzierung auf die Downloadvolumina. Anders verhält es sich jedoch, wenn ein Arzt oder Apotheker als empfehlender Multiplikator zwischengeschaltet wird: Für diesen Fall wäre eine Brücke zu der wissenschaftlichen Nomenklatur wünschenswert.

Die regelmäßig kritisierte, generell schlechte Auffindbarkeit von Apps im AAS, die bislang in keiner Weise abgebildete medizinische Taxonomie, das große Volumen an Gesundheits-Apps und schließlich ein Mangel an transparenten Qualitätsmerkmalen verdichten den Eindruck, dass sowohl Endverbraucher als auch Fachkreise Orientierungsbedarf bei der Selektion von Gesundheits-Apps haben, der durch die von Apple bereitgestellten Oberfläche und Struktur nur unzureichend erfüllt werden kann.

5 Untersuchung der Endverbrauchereinstellung zu Gesundheits-Apps

Die zweite wichtige Komponente dieser Studie ist die Analyse der Endverbrauchereinstellung zu Gesundheits-Apps. Außer der Bewertung von Funktionalitäten und der Erhebung persönlicher Meinungen zu Gesundheits-Apps stand die Glaubwürdigkeit der Absender und potenzieller Empfehler im Vordergrund: Wie eingangs erwähnt, soll eruiert werden, welche Institutionen und/oder Personen geeignet sind, den Einsatz von Gesundheits-Apps zu etablieren bzw. voranzutreiben.

Als Instrument zur Erhebung der Daten wurde eine Online-Umfrage durchgeführt – einerseits, weil durch die Nutzung des Internets als Medium davon ausgegangen wurde, dass eine deutlich höhere Fallzahl erreicht werden kann als durch klassische Befragungen, andererseits, weil die Aussagekraft online durchgeführter Umfragen heute der Qualität klassisch erhobener Daten ebenbürtig erscheint.[105]

Im Folgenden werden Entwicklung und Durchführung der Umfrage kurz geschildert.

5.1 Planung und Durchführung der Online-Umfrage

Aus den in der Einleitung dargestellten Zielen wurden diverse Fragestellungen abgeleitet und thematisch zu Blöcken zusammengefasst. Darauf aufbauend wurde ein Fragebogenentwurf im Word-Format erstellt und mit fünf Personen auf Verständlichkeit getestet. Nach der Überarbeitung wurde der Fragebogen in dem Online-System „Survey Gizmo" erfasst und von fünf Personen im Testmodus auf die Bedienbarkeit hin überprüft. Nach einer weiteren Überarbeitung auf Grundlage der Rückmeldungen wurde die Umfrage online freigeschaltet.

---

105 Hamburg, K. et al., Zur Äquivalenz der Online- und der Papier-Bleistift-Version des IsoMetrics-Fragebogens zur Evaluation von Software, Grin Verlag, 2006

5.2 Aufbau des Fragebogens

Bei der Erstellung des Fragebogens wurde darauf geachtet, klar gegliederte und thematisch voneinander abgrenzbare Bereiche zu bilden und abzufragen. Den Einstieg in die Umfrage bilden Fragen zur Smartphone- und App-Nutzung. Als Übergang vom technisch geprägten Abschnitt zum Thema Gesundheit dient die Frage, ob Gesundheits-Apps generell als geeignet empfunden werden, um den Gesundheitszustand zu verbessern. Im folgenden Block werden die Kernfragen gestellt: In welchen Themenbereichen wird der Einsatz von Gesundheits-Apps als besonders hilfreich angesehen, und welchen vorformulierten Aussagen zu Gesundheits-Apps schließen sich die Teilnehmer an. Der anschließende Abschnitt zielt darauf ab, das Vertrauen in Empfehler und Anbieter zu ergründen. Dazu wird auch die Bereitschaft abgefragt, die per Gesundheits-Apps erhobenen Daten mit anderen Personen zu teilen. Schließlich werden Einstellungen zu Gesundheitsbewusstsein, Lebensstil und Technikinteresse sowie abschließend demographische Informationen erhoben.

Konkret gliedert sich der Fragebogen in folgende Abschnitte:

- Einstiegsseite: Erläuterung und Hinweise
- Smartphone-Nutzung (Filterfrage)
- Nutzungsdauer, Smartphone-Typ
- Nutzung von Apps (Filterfrage)
- Anzahl installierter Apps, Nutzungshäufigkeit von Apps
- Installation kostenpflichtiger Apps (Filterfrage)
- Kaufpreis für teuerste jemals erworbene App
- Installation von Gesundheits-Apps
- Generelle Einschätzung von Gesundheits-Apps
- Themen, bei denen Gesundheits-Apps unterstützen können
- Einstellungen zu Gesundheits-Apps
- Einschätzung einer Empfehlung durch Krankenversicherung, Apotheke, Arzt
- Gesundheits-App im Vergleich zu einem Arzneimittel

- Vergleich potenzieller Gesundheits-App-Empfehler
- Zahlungsbereitschaft für Gesundheits-Apps aufgrund von Empfehlungen
- Vertrauen in verschiedene Anbieter von Gesundheits-Apps
- Zugriff auf von Gesundheits-Apps gespeicherte Daten
- Häufigkeit Arztbesuch, chronische Erkrankung
- Gesundheitsbewusstsein, gesunder Lebensstil, Technikaffinität, Internetnutzung
- Geschlecht, Alter, Schulabschluss

Nicht zuletzt aufgrund des Themas wurde darauf geachtet, dass der Fragebogen auch in einer für mobile Endgeräte optimierten Version verfügbar ist. Um besonders im Bereich der Inputelemente Darstellungs- und Bedienprobleme zu umgehen, wurden einzelne Fragenblöcke in Abhängigkeit von dem genutzten Betriebssystem und Browser ausgeliefert.

Es wird an dieser Stelle aus Platzgründen darauf verzichtet, den Fragebogen in einem höheren Detailierungsgrad vorzustellen. Der Fragebogen ist vollständig abgebildet im Anhang unter Anlage 4.

5.3 Verwendete Fragetypen

Um eine einfache Bedienbarkeit zu gewährleisten, lehnt sich das Design der Umfrage eng an dem Farb- und Formschema des sozialen Netzwerkes Facebook an und greift auf gelernte Eingabeelemente zurück (Radio-Buttons, Drop-Down-Menüs, Schieberegler und Drag-and-Drop-Felder). Verwendet wurden folgende Fragetypen und Inputelemente:

Klassifikationsfragen
Klassifikationsfragen sind als Fragen mit Einfachauswahl (Single Choice) angelegt und wurden mit Radio-Buttons als gelerntem Standardelement umgesetzt.

Beispiel für Klassifikationsfrage

1. Nutzen Sie ein Smartphone? *

- ○ Ja
- ○ Nein
- ○ Weiß ich nicht

Abbildung 29: Beispiel Klassifikationsfrage

Skalierte Fragen: Diskrete Likert-Skalen

Als häufigster Fragetyp zur Bewertung von Objekten wurde die klassische fünfstufige Likert-Skala mit Radio-Buttons eingesetzt. Die ursprünglich enthaltene Antwortoption „Weiß ich nicht“ wurde während der Testläufe mehrfach als irreführend und überflüssig kritisiert und daher in der finalen Version entfernt.

Beispiel für skalierte Frage mit Likert-Skala

3. Bei den folgenden Themen können mich Gesundheits-Apps unterstützen. *

Hinweis: Diese und die kommende Frage sind relativ umfangreich - alle darauf folgenden Fragen sind mit weniger Aufwand zu bearbeiten.

	Trifft nicht zu	Trifft eher nicht zu	Teils Teils	Trifft eher zu	Trifft zu
Tipps zu Vorsorgemaßnahmen *	○	○	○	○	○
Unterstützung bei der Durchführung von Entspannungsübungen *	○	○	○	○	○
Eintragen und Speichern medizinischer Werte wie Blutdruck *	○	○	○	○	○
Unterstützung beim Einhalten von Diäten *	○	○	○	○	○

Abbildung 30: Beispiel für skalierte Frage mit Likert-Skala

Skalierte Fragen: Kontinuierliche Rating-Skalen

Um die Nachteile der verbalen Verankerung zu vermeiden, kamen bei einigen Fragen Schieberegler zum Einsatz, bei denen lediglich die Endpunkte verbal benannt waren. Schieberegler wurden immer dann anstatt diskreter Likert-Skalen genutzt, wenn eine feiner granulierte Tendenzbildung und die Möglichkeit einer Regressionsberechnung beabsichtigt waren. Die eingesetzten Skalen reichten von 0–100, die initiale Schiebereglerposition war neutral. Die Umfragesoftware bildete nicht betätigte Schieberegler als „fehlende Antwort“ ab, somit konnten Verzerrungen durch eine irreführende Auswertung der initialen Reglerposition ausgeschlossen werden.

Beispiel für skalierte Frage mit kontinuierlicher Rating-Skala

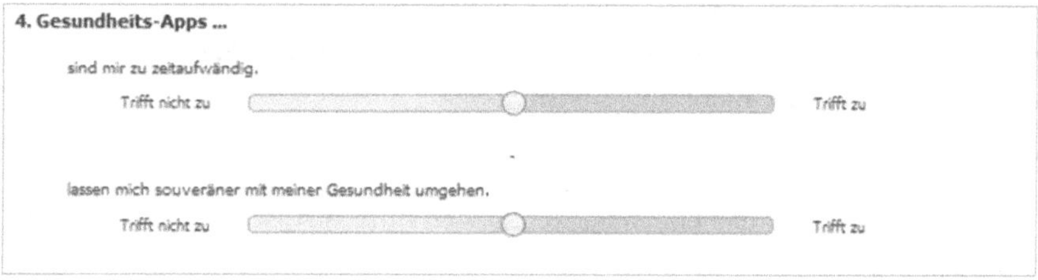

Abbildung 31: Beispiel für skalierte Frage mit kontinuierlicher Rating-Skala

Sortierungsfragen

Für die Bildung einer Rangfolge wurde an einer Stelle der Umfrage eine Drag-and-Drop-Abfrage genutzt. Im Vergleich zu Radio-Buttons und Schiebereglern gilt dieses Input-Element als weniger bekannt, ist aber relativ intuitiv zu bedienen.

Beispiel für Sortierungsfrage

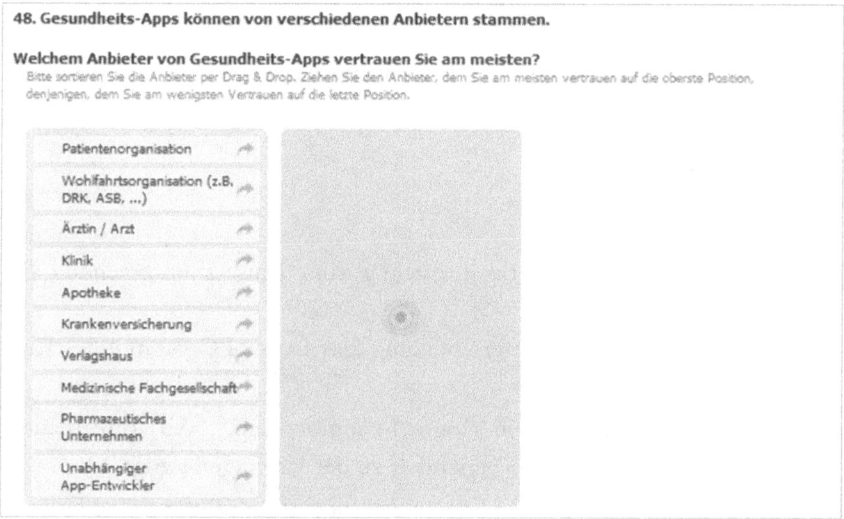

Abbildung 32: Beispiel für Sortierungsfrage

Besonders bei längeren Frageblöcken wurde darauf geachtet, dass die Fragen in zufälliger Reihenfolge ausgeliefert wurden. So wurde versucht, einer Verzerrung durch Reihenfolge-Effekte vorzubeugen. Ausnahmen waren sich wiederholende, identische Frageblöcke bei der Abfrage verschiedener Objekte – hier wurde ein möglicher Reihenfolgeeffekt in Kauf genommen, um den Teilnehmer nicht zu verwirren.

Von den insgesamt 29 Fragen wurden 9 als Pflichtfragen klassifiziert, bei den übrigen wurde ein Hinweistext mit der Bitte um Beantwortung eingeblendet, wenn der Teilnehmer sich zur nächsten Frage weiterklickte, ohne die aktuell eingeblendete Frage beantwortet zu haben. Bei nochmaligem Weiterklicken gelangte der Teilnehmer dann auch ohne Beantwortung zur nächsten Frage (sog. „Soft required"-Modus).

An diversen Stellen wurden Hinweistexte eingefügt, um die Bedienelemente zu beschreiben, die Abbruchquote zu reduzieren und den Verlauf der Umfrage zu erläutern (z.B. vor dem Zusammenführen von Teilnehmerzweigen nach Filterfragen).

5.4 Weitere mit dem Fragebogen erfasste Informationen

Neben den im Fragebogen erbetenen Antworten wurden weitere Informationen zum Zeitpunkt der Beantwortung durch das Online-Umfrage-System erfasst.

Hierzu gehören vor allem:

- Art des während der Beantwortung zum Einsatz kommenden Betriebssystems
  (sog. „User Agent", Unterscheidung klassischer PC vs. mobiles Endgerät)
- Rekrutierungsinformation (sog. „Invitation Link", d.h. Information, über welche Quelle der Teilnehmer zu der Umfrage gelangt ist)
- Genaue Herkunft des Umfrageteilnehmers (sog. „Referrer", d.h. exakte URL der Seite, über die der Besucher die Umfrage erreicht hat)

- Eineindeutige Identifikationsnummer des Datensatzes
- Status des Falls (vollständig vs. abgebrochen)
- Datum, an dem der Fall erfasst wurde

Von diesen systemseitig erfassten zusätzlichen Informationen hat sich für die Auswertung vor allem die Charakterisierung des verfügbaren Betriebssystems (PC vs. mobiles Endgerät) als bedeutsam erwiesen. Die Informationen bezüglich der Teilnehmerherkunft erwiesen sich während der Feldphase als äußerst nützlich, da sie eine Bewertung der genutzten Rekrutierungskanäle und somit ein Nachsteuern der E-Mail- und Facebook-Kampagnen ermöglichten.

Keine der Informationen lässt Rückschlüsse auf die Identität des Beantwortenden zu, die Anonymität der Teilnehmer wurde vollständig gewahrt.

5.5 Durchführung der Online-Umfrage zu Gesundheits-Apps

Die Umfrage wurde am 01.08.2012 freigeschaltet, ab 03.08.2012 wurde aktiv rekrutiert. Die Feldphase endete am 18.09.2012. Eine Incentivierung der Teilnahme z.B. durch eine Verlosung fand nicht statt. Auch auf die Nutzung eines Panels wurde verzichtet.

Teilnehmer wurden maßgeblich rekrutiert über:

- Onlineplattform www.gesundheit.de (Link auf Homepage, Hinweis im Newsletter)
- Onlineplattform www.online-kollegium.de (Hinweis im Newsletter)
- Facebook-Seiten diverser Krankenversicherungen und Patientenorganisationen
- Diverse Foren und Plattformen der Themenbereiche Gesundheit und Mobiltelefon
- Private Kontakte (E-Mail und Facebook)

5.6 Beschreibung der Stichprobe

Die Stichprobe umfasst 1.018 Teilnehmer – 600 davon sind vollständig erfasst, 418 sind teilweise erfasst (Abbrecher). Wie oben erläutert, war eine Teilnahme an der Umfrage sowohl klassisch über den PC-basierten Browser als auch über mobile Geräte (Smartphone, Tablet) möglich.

In der Gegenüberstellung von Medium und Teilnahmestatus wird deutlich, dass der überwiegende Teil der Teilnehmer die Umfrage am PC ausgefüllt hat und unter diesen die Abbrecherquote geringfügig unter der von Nutzern mobiler Endgeräte lag.

Teilnahmemedium zu Umfragestatus

		Status		Gesamt
		Complete	Partial	
Medium PC	Anzahl	499	339	838
	% innerhalb von Medium	59,5%	40,5%	100,0%
Mobil	Anzahl	101	79	180
	% innerhalb von Medium	56,1%	43,9%	100,0%
Gesamt	Anzahl	600	418	1018
	% innerhalb von mobile flag	58,9%	41,1%	100,0%

Abbildung 33: Teilnahmemedium zu Umfragestatus[106]

Der Median des Alters der männlichen Teilnehmer liegt bei 41 Jahren, der der weiblichen Teilnehmer bei 39 Jahren.

106 Online-Umfrage, August/September 2012, eigene Auswertung

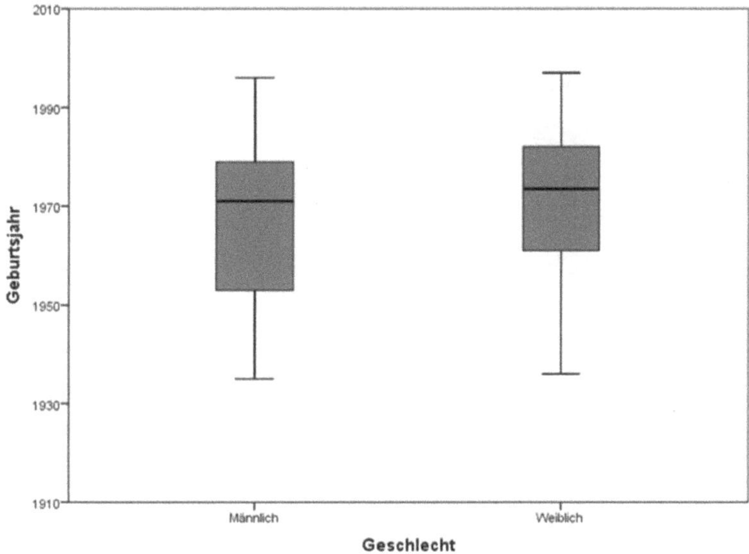

Abbildung 34: Alter der Umfrageteilnehmer nach Geschlecht[107]

Mehr als 64% der Teilnehmer haben das Abitur abgelegt, weitere 17% können die Fachhochschulreife vorweisen. 14% verfügen über einen Realschulabschluss, lediglich knapp 5% über einen Haupt- oder Volksschulabschluss.

Unter den Teilnehmern geben fast 40% an, an einer chronischen Erkrankung zu leiden. Diese hohe Quote ist wahrscheinlich auf das gezielte Rekrutieren unter Patientenverbänden, Selbsthilfegruppen und Betroffenen-Initiativen zurückzuführen.

Eine Mehrheit von fast 60% gibt an, ein bis fünf Mal im Jahr einen Arzt aufzusuchen. Ein leichter Anstieg ist bei mehr als 30 Arztbesuchen im Jahr gegenüber 21–30 Arztbesuchen im Jahr festzustellen.

107 Online-Umfrage, August/September 2012, eigene Auswertung

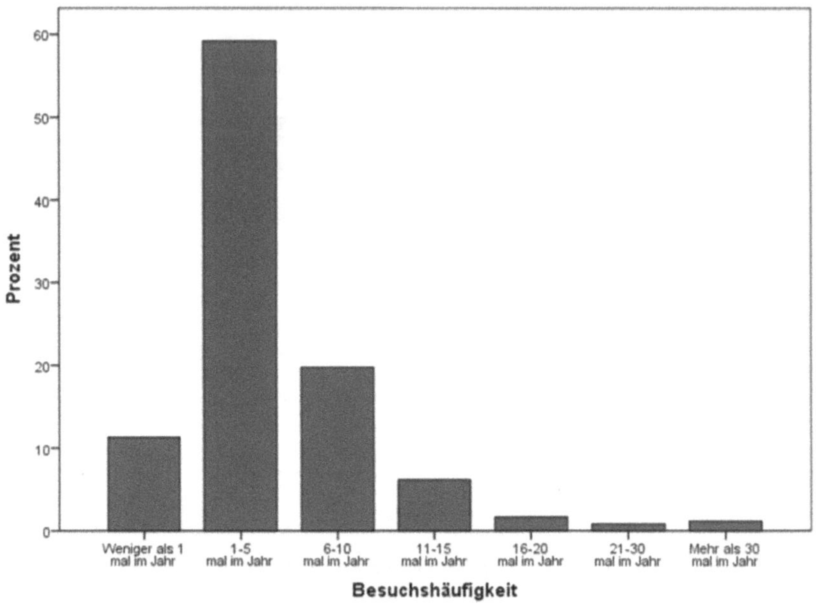

Abbildung 35: Arztbesuchsfrequenz[108]

Gemäß Selbsteinschätzung der Befragten sind fast 56% entweder ziemlich oder sehr gesundheitsbewusst, 52% führen einen ziemlich oder sehr gesunden Lebensstil. Auch den Entwicklungen im Internet- und Mobilfunkbereich sind die meisten Befragten gegenüber aufgeschlossen: Über 60% interessieren sich entweder ziemlich oder sehr für technische Neuerungen in diesem Bereich.

Mit mehr als 71% nutzt die überwiegende Mehrheit der Befragten ein Smartphone. Dies stellt zwar im Vergleich zur Grundgesamtheit eine Verzerrung zu Gunsten der Smartphone-Nutzer dar, ist allerdings durchaus im Interesse der Befragung, da besonders die spezifischen Fragen zu Gesundheits-Apps für Benutzer eines Smartphones deutlich anschaulicher sein

108 Online-Umfrage, August/September 2012, eigene Auswertung

dürften als für Personen, die Apps lediglich als theoretisches Konstrukt kennen und über keinerlei Anwendungserfahrungen verfügen.

Verdeutlicht wird die Tendenz der Befragung, überdurchschnittlich stark auf Personen, die im Umgang mit Smarthpones erfahren sind, abzustellen, durch einen Blick auf die Nutzungsdauer. Hier wird deutlich, dass über 62% der befragten Smartphone-Nutzer ihr Smartphone bereits länger als ein Jahr nutzen, es sich also um erfahrene Nutzer handelt.

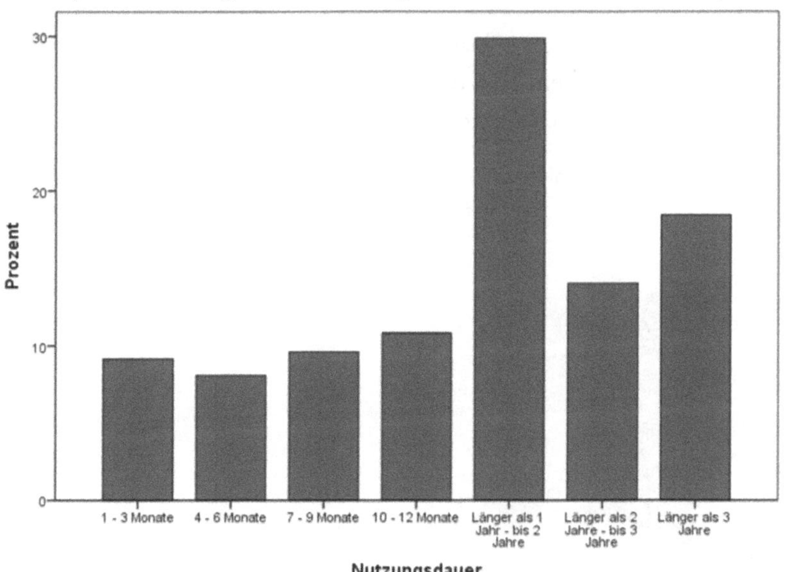

Abbildung 36: Smartphone-Nutzungsdauer[109]

Sowohl auf Gerätetypen als auch auf das Betriebssystem bezogen liegt Apple bei den Nutzern klar in Führung: Fast 47% nutzen das iPhone und somit auch iOS als Betriebssystem. Mit über 22% ist Samsung in der Stichprobe der zweitbeliebteste Hersteller vor HTC. Android liegt mit über 43% als Betriebssystem klar auf Rang 2 vor Symbian, Blackberry und Windows. An dieser Stelle muss darauf hingewiesen werden, dass die Stichprobe deut-

109 Online-Umfrage, August/September 2012, eigene Auswertung

lich zu Gunsten von Apple verzerrt ist und besonders Symbian nicht annähernd entsprechend der aktuellen Marktsituation vertreten ist.
Zur vollständigen Beschreibung der Stichprobe fehlt schließlich noch die App-Nutzung: 90% der Umfrageteilnehmer, die ein Smartphone nutzen, haben bereits Apps installiert – ein um etwa 10% höherer Wert als die in Kapitel 2 angeführten Daten zur App-Nutzung. Von den App-Nutzern haben ca. 48% zwischen einer und maximal 20 Apps auf ihrem Smartphone installiert. 75% der Teilnehmer nutzen installierte Apps mindestens einmal täglich.

Von denjenigen, die Apps installiert haben, haben 60% auch kostenpflichtige Apps erworben. Von diesen haben 32% bis zu 5,00 EUR für ein App ausgegeben, fast 16% sogar mehr als 10,00 EUR.

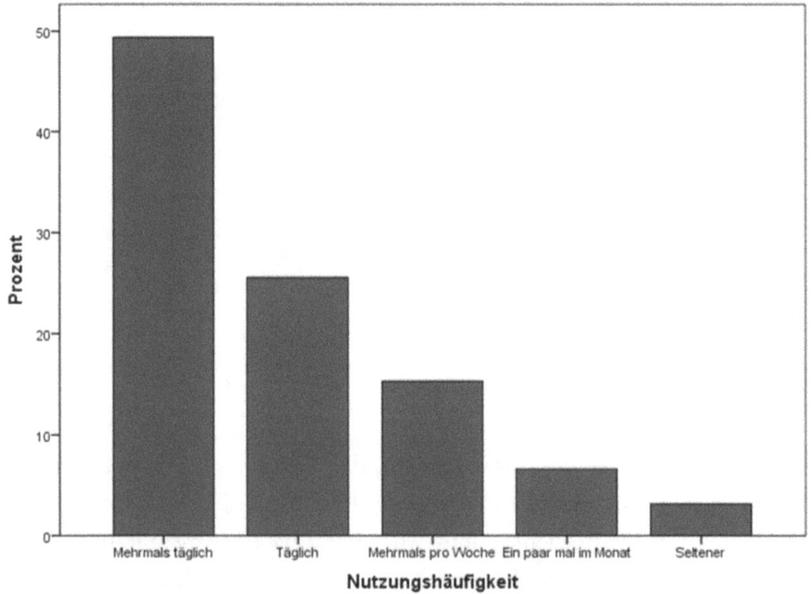

Abbildung 37: App-Nutzungshäufigkeit[110]

[110] Online-Umfrage, August/September 2012, eigene Auswertung

Überraschenderweise hat die Mehrheit der Nutzer bereits eigene Erfahrungen mit Gesundheits-Apps gesammelt: 53% haben entweder kostenlose oder kostenpflichtige Gesundheits-Apps installiert.

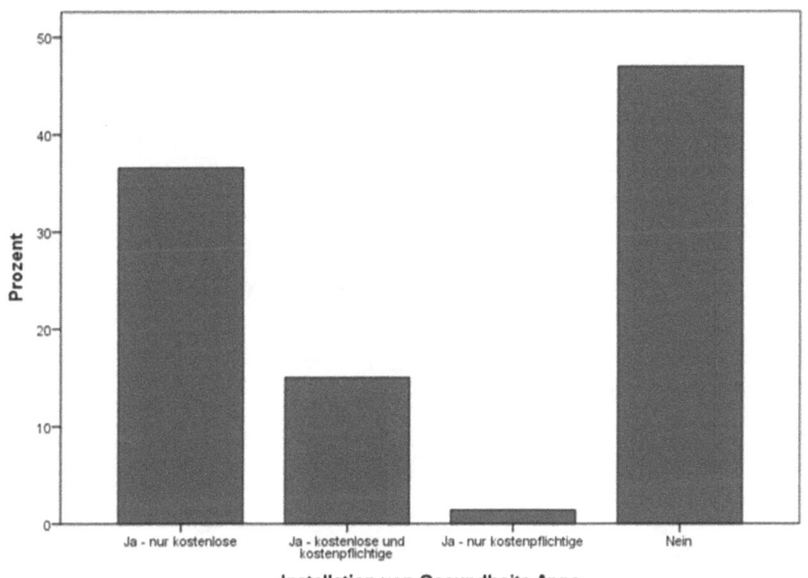

Abbildung 38: Gesundheits-Apps-Installationen[111]

5.7 Ergebnisse der Online-Umfrage zu Gesundheits-Apps

Um den Rahmen dieser Studie nicht zu sprengen, wird lediglich auf die übergreifenden Fragestellungen eingegangen und auf Subgruppenanalysen verzichtet.

Die grundlegende Fragestellung, die im Rahmen dieser Erhebung adressiert wird, betrifft die Einstellung zu Gesundheits-Apps. Konkret geht es um die Frage, ob Endverbraucher der Meinung sind, dass Gesundheits-Apps bei

111 Online-Umfrage, August/September 2012, eigene Auswertung

der Verbesserung der Gesundheit helfen können oder nicht. Eine deutliche Mehrheit von knapp über 70% der Befragten glauben, dass Gesundheits-Apps generell zur Verbesserung der Gesundheit beitragen können.

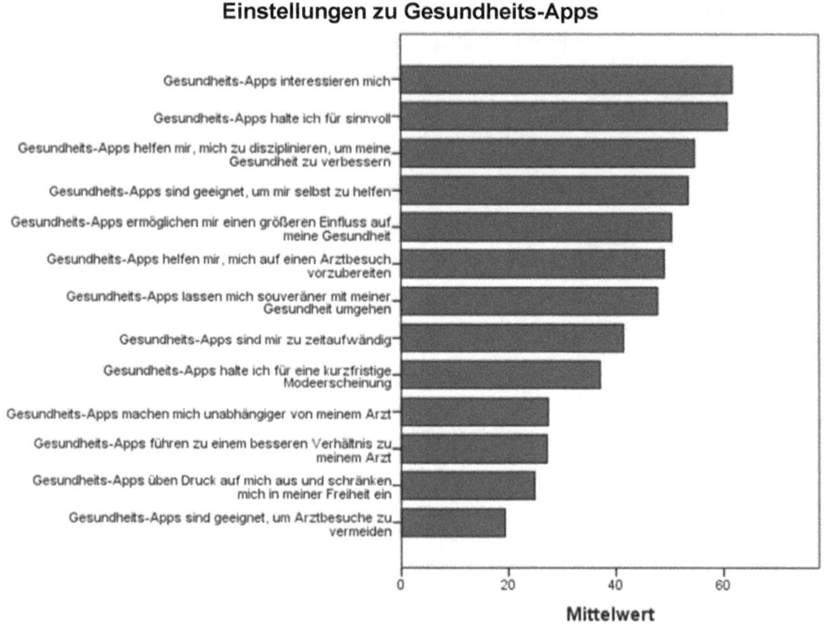

Abbildung 39: Einstellungen zu Gesundheits-Apps[112]

Die positive Haltung spiegelt sich auch in der Abfrage der Einstellungen wider. Die größte Zustimmung erhalten die Aussagen „Gesundheits-Apps interessieren mich“ und „Gesundheits-Apps sind sinnvoll“. Auch die Tatsache, dass Apps einen Betrag zur eigenen Disziplinierung leisten, wird von vielen Befragten als realistisch eingestuft. Mehr Einfluss auf die Gesundheit und eine höhere Souveränität im Umgang mit ihr rangieren im Mittelfeld. Als häufigster negativer Faktor wird der hohe Zeitaufwand genannt, den eine intensive Beschäftigung mit der eigenen Gesundheit erfordert.

---

112 Online-Umfrage, August/September 2012, eigene Auswertung

Bei der Frage nach möglichen Themen für Apps fällt auf, dass Unterstützung am ehesten von Erinnerungsfunktionen erwartet wird: Beide Antwortmöglichkeiten – die Erinnerung an Arztbesuche, Vorsorgeuntersuchungen und Impftermine, wie auch die Erinnerung an Medikamenteneinnahmen – weisen die höchsten Punktwerte auf. Danach werden die sogenannten Tracking-Funktionen genannt: Das Eintragen und Speichern diverser Werte im Smartphone halten die Nutzer offensichtlich für eine große Erleichterung. Auch die Unterstützung beim Fitnesstraining sowie Tipps zu Vorsorgemaßnahmen rangieren in der oberen Hälfte. Geringe Zustimmung finden Gesundheits-Apps als Hilfsmittel bei der Durchführung von Entspannungsübungen sowie beim Stressabbau. Die geringste Hilfe erwarten sich die Teilnehmer von Gesundheits-Apps beim selbstständigen Ermitteln einer Diagnose.

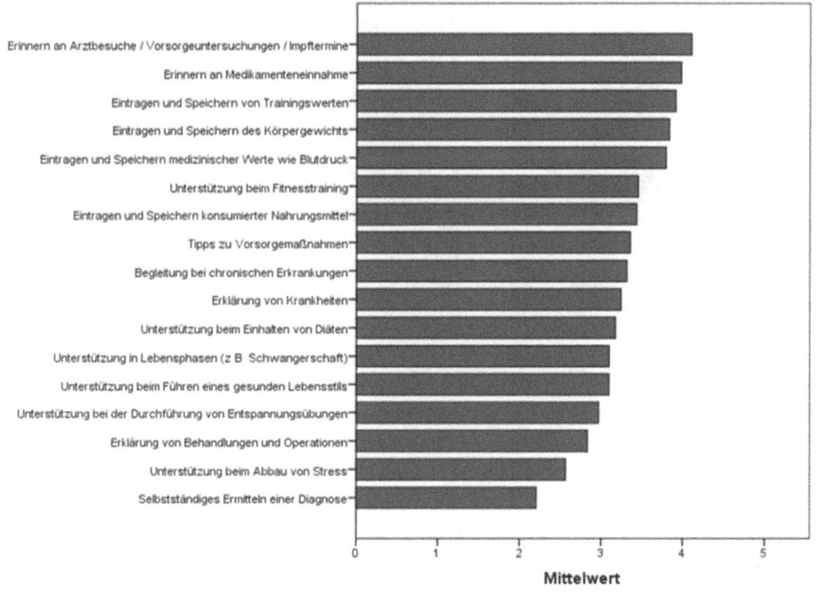

Abbildung 40: Potenzielle Unterstützung durch Gesundheits-Apps[113]

113 Online-Umfrage, August/September 2012, eigene Auswertung

Mit dem hypothetischen und sehr abstrakten Vergleich mit einem Arzneimittel konfrontiert zeigen die Teilnehmer, dass die Glaubwürdigkeit einer Gesundheits-App als therapeutische Intervention noch nicht an ein Arzneimittel heranreicht. Gleichzeitig wird die App günstiger und im Vergleich zu einem Arzneimittel als für den Patienten aufwändiger betrachtet.

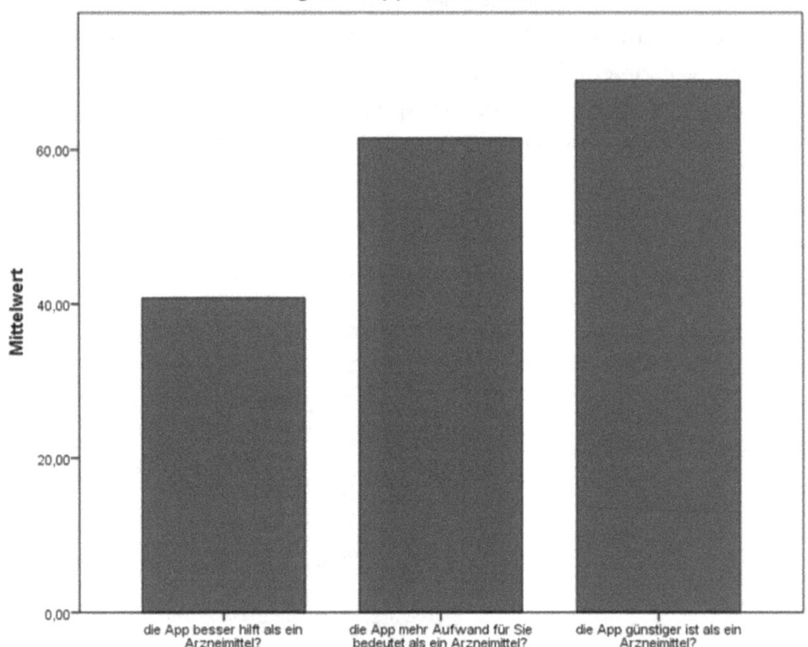

Abbildung 41: Vergleich App-Arzneimittel[114]

Ein zentraler Aspekt der Studie ist es, die Bereitschaft von Endverbrauchern zu analysieren, einer potenziellen Empfehlung für Gesundheits-Apps zu folgen. Wenig überraschend wird auch bei diesem noch wenig etablierten Hilfsmittel der Arzt als glaubwürdigster Empfehler an erster Stelle genannt. Knapp dahinter folgen Betroffene mit ähnlichen gesundheitlichen Problemen. Empfehlungen von Organisationen, wie Fachgesellschaften

114 Online-Umfrage, August/September 2012, eigene Auswertung

oder Patientenvertretungen, rangieren noch vor Apothekern und Krankenversicherungen. Das Ende bildet – neben den klassischen Medien und dem Internet – die pharmazeutische Industrie.

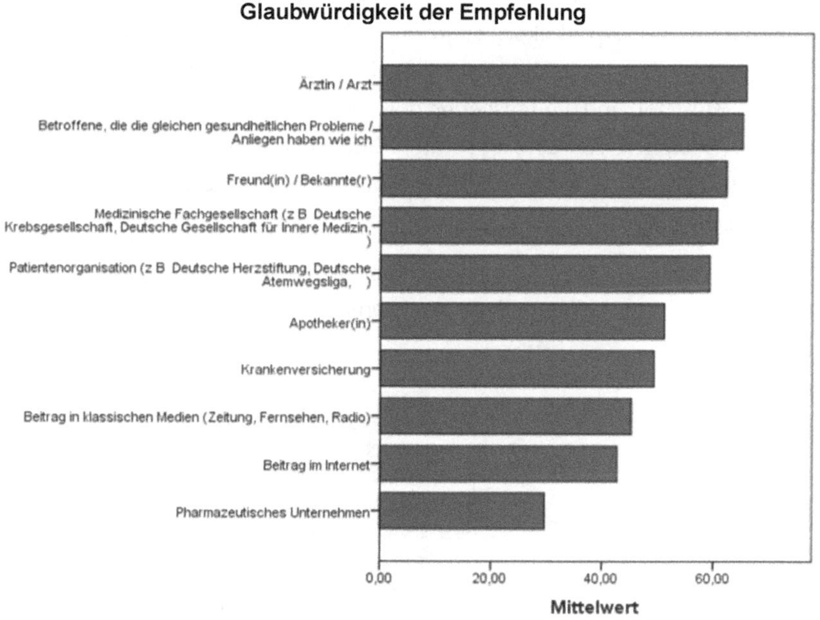

Abbildung 42: Glaubwürdigkeit der Empfehlung[115]

Bei der Mehrheit der Befragten führt eine Empfehlung auch zu einer erhöhten Zahlungsbereitschaft: Fast 60% geben an, aufgrund einer Empfehlung eher bereit zu sein, Geld für eine App auszugeben.

Die Glaubwürdigkeit diverser Ansprechpartner und Organisationen spiegelt sich auch in der Bereitschaft der Befragten wider, die mit der Nutzung einer Gesundheits-App anfallenden Daten zu teilen bzw. Zugriff darauf einzuräumen. Während sich die Reihenfolgen ähneln, ist der Unterschied in das Vertrauen der Personen/Organisationen stärker ausgeprägt. So zeigt sich bei der Frage nach der Datenübermittlung die überragende Vertrau-

115 Online-Umfrage, August/September 2012, eigene Auswertung

ensposition des Arztes mit deutlich größerem Abstand als bei der Empfehlung. Andere Patienten mit der gleichen Erkrankung, sofern die Kontaktaufnahme in anonymisierter Form erfolgen kann, belegen wiederum den zweiten Platz. Ähnlich werden Patientenorganisationen, Krankenversicherungen und Apotheken eingestuft. Mit stark abfallender Tendenz folgen andere Patienten, die unter Angabe persönlicher Daten kontaktiert werden, Anbieter und Herausgeber der App und pharmazeutische Unternehmen. Lediglich für eine absolute Minderheit kommt das Teilen von Informationen, die eine Gesundheits-App generiert hat, mit Freunden via Facebook in Frage.

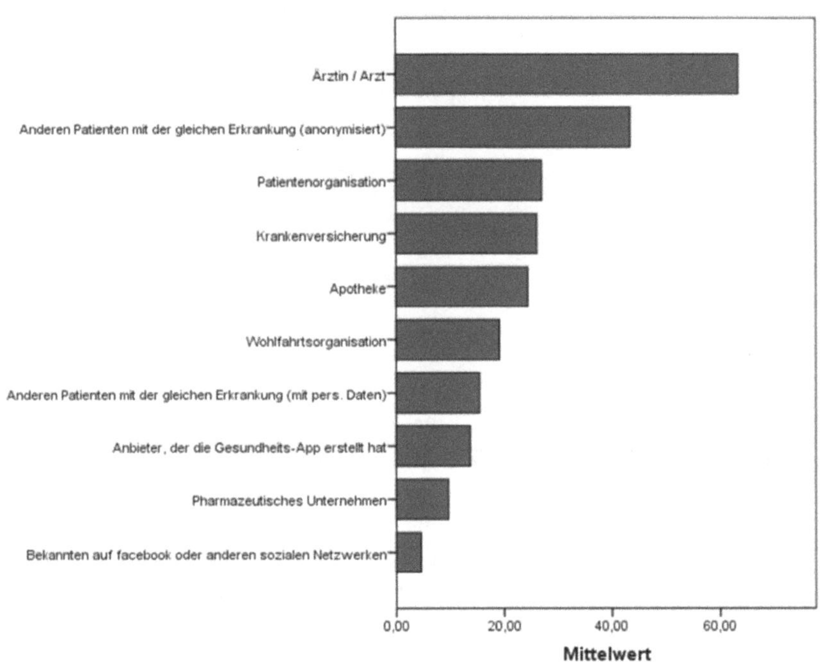

Abbildung 43: Bereitschaft zur Datenbereitstellung[116]

116 Online-Umfrage, August/September 2012, eigene Auswertung

Eine weitere Frage untersuchte, welche Beweggründe der Endverbraucher bei der Empfehlung einer Gesundheits-App durch eine Institution oder einen Ansprechpartner vermutet bzw. welche Bedenken diese Empfehlung bei ihm hervorruft. Konkret abgefragt wurden diese Angaben für Ärzte, Apotheker und Krankenversicherungen.

Auch hier wird das grundlegend sehr hohe Vertrauen der Endverbraucher in den Arzt deutlich, da ihm vor allem positive Motive unterstellt werden. Dem Arzt wird am ehesten innovatives Verhalten und Interesse an einer besseren Versorgung zugeschrieben. Der Apotheker nimmt eine mittlere Vertrauensposition ein – ihm wird von den drei genannten Gruppen das geringste Interesse an Kosteneinsparungen und Aufwandsminimierung unterstellt. Bei Krankenversicherungen wird am ehesten vermutet, dass Aufwand vermieden, Kosten eingespart und Daten gesammelt werden sollen.

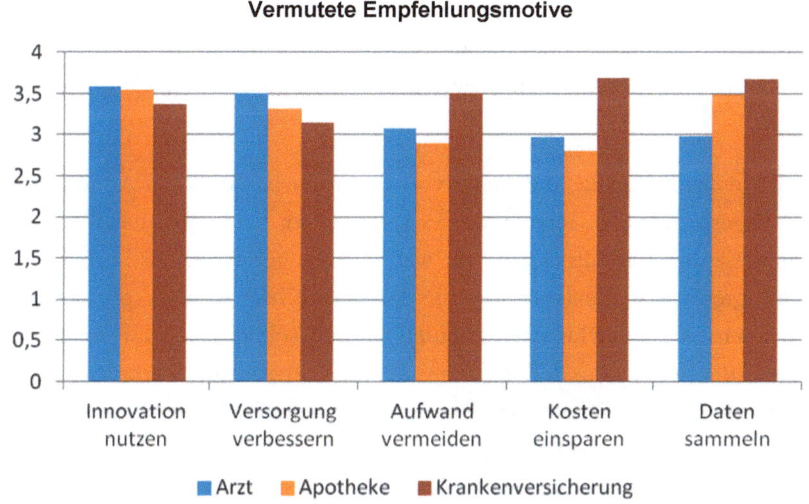

Abbildung 44: Vermutete Empfehlungsmotive[117]

117 Online-Umfrage, August/September 2012, eigene Auswertung

5.8 Diskussion der Umfrageergebnisse

Die mehrheitlich positive Haltung, die Gesundheits-Apps entgegengebracht wird, verdeutlicht, dass diese Applikationen grundsätzlich über ein großes Potenzial bei Endverbrauchern verfügen. Neben dieser Erkenntnis finden sich Hinweise, die für ein überraschend nuanciertes Bild von Gesundheits-Apps beim Endverbraucher sprechen.

Die Tatsache, dass die Mehrheit der Befragten Apps als geeignet ansieht, die eigene Disziplin zu fördern, zeugt einerseits von einer ausgeprägten Fähigkeit zur Selbstreflexion und andererseits von einer intuitiv bemerkenswerten Einschätzung über die Stärken des Smartphones im Hinblick auf verhaltensmodifizierende Interventionen. Diese Bewertung kann durchaus als Beleg dafür gewertet werden, dass sich Endverbraucher des ausgeprägten Einflusses von Smartphones auf ihr Verhalten bewusst sind und daher auch in diesem Bereich die größten Einsatzmöglichkeiten sehen. Entsprechend dieser abstrakten Einstellung treffen auch bei der Frage nach konkreten Themen solche, die das eigene Verhalten transparent machen und bei der Erreichung von Zielen unterstützen, auf die höchste Zustimmung.

Als bedeutsam für die Akzeptanz von Gesundheits-Apps bei Ärzten muss die ausgesprochen differenzierte Sichtweise der Endverbraucher auf das Arzt-Patienten-Verhältnis gedeutet werden. Die geringste Zustimmung der abgefragten Einstellungen erhält die Aussage „Gesundheits-Apps sind geeignet, um Arztbesuche zu vermeiden". Auch schließt sich nur eine Minderheit der Befragten der Aussage an, dass Gesundheits-Apps zu einer größeren Unabhängigkeit vom Arzt führen. Beide Ergebnisse lassen darauf schließen, dass Gesundheits-Apps nur von einer kleinen Gruppe als partieller Arztersatz gesehen werden. Folglich wird der Arzt in seiner Bedeutung nicht reduziert, sondern Gesundheits-Apps werden als Ergänzung zu bestehenden Arzt-Patienten-Beziehungen gesehen. Dass die Aussage, Gesundheits-Apps seien hilfreich, um sich auf einen Arztbesuch vorzubereiten, deutlich höhere Zustimmung erfährt, ist kaum als Gefährdung für das Arzt-Patienten-Verhältnis anzusehen, sondern zeugt vielmehr von einer grundsätzlich aufgeklärten und emanzipierten Haltung der Endverbraucher bzw. potenziellen Patienten.

Die Tatsache, dass die geringste Unterstützung von Apps bei der selbstständigen Ermittlung einer Diagnose erwartet wird, unterstreicht, dass eine relativ klare Vorstellung davon existiert, was eine App zu leisten im Stande ist und was in den Zuständigkeitsbereich eines Arztes fällt.

Wenig überraschend, aber nicht weniger positiv ist die Erwartung, dass Gesundheits-Apps zu einer stärker ausgeprägten Souveränität im Umgang mit der eigenen Gesundheit führen und man die Möglichkeit sieht, durch Gesundheits-Apps besser Einfluss auf die eigene Gesundheit ausüben zu können. Die bereits erwähnte, stark ausgeprägte positive Haltung zu Apps, die Verhalten aufzeichnen und somit auswertbar machen („Tracker-Apps"), deckt sich mit dieser Erwartung. Wenn man davon ausgeht, dass die Transparenz des eigenen Verhaltens der Schlüssel zu einer nachhaltigen Verhaltensänderung ist und damit die Selbstbestimmung des Patienten erst ermöglicht, dann lassen diese Daten den Schluss zu, dass der Endverbraucher diese Verbindung zwischen Funktion und potenziellem Nutzen bereits hergestellt hat.

Trotz der insgesamt positiven Ergebnisse der Befragung zeigt ein Blick auf die in Kapitel 2 angeführten Nutzungspräferenzen von App-Nutzern, dass sich Apps aus dem Gesundheitsbereich bisher der geringsten Beliebtheit erfreuen. Ungeachtet der Tatsache, dass Endverbraucher den Möglichkeiten, die Gesundheits-Apps bieten, aufgeschlossen gegenüberstehen, findet ein breiter Einsatz in der Praxis bislang nicht statt. Wird die Annahme zugrunde gelegt, dass Unkenntnis über die Existenz solcher Apps ein zentraler Grund für diese Lücke sein könnte, so kann postuliert werden, dass eine verstärkte Empfehlung der Schlüssel zu einer besseren Verbreitung von Gesundheits-Apps ist.

Bereits erwähnt wurde, dass der Arzt als Empfehler die höchste Glaubwürdigkeit genießt und dass die Nutzer auch am ehesten bereit sind, in der App gespeicherte Daten dem Arzt zugänglich zu machen. Weiterhin gehen Endverbraucher beim Arzt vorrangig von altruistischen Beweggründen für eine Empfehlung aus, wie z.B. der Verbesserung der Versorgung oder der Nutzung innovativer Maßnahmen.

Während diese Belege für die unangefochtene Stellung des Arztes nicht verwundern, überrascht es, dass in Bezug auf die Empfehlung einer Gesundheits-App anderen Patienten mit ähnlichen Beschwerden eine beinahe ebenso große Glaubwürdigkeit zugestanden wird wie dem Arzt. Diese Bewertung führt deutlich vor Augen, welchen Stellenwert der Austausch Betroffener untereinander mittlerweile einnimmt. Auch hier wird die Glaubwürdigkeit in die Empfehlung von der ausgeprägten Bereitschaft, Daten mit anderen Patienten zu teilen, gestützt – wenn auch in anonymisierter Form. Nicht zuletzt spiegelt sich in diesen Aussagen die Bedeutung sozialer, onlinegestützter Medien im Gesundheitsbereich wider.

Nicht antizipiert wurde außerdem der weit reichende Einfluss der Fachgesellschaften und Patientenorganisationen. Beiden Organisationstypen wird eine höhere Glaubwürdigkeit entgegengebracht als dem Apotheker oder der Krankenversicherung. Gesundheits-Apps stellen für diese Organisationen also ein potenziell sehr wirksames Instrument dar, um den Betroffenen Informationen und Kenntnisse zu vermitteln und gleichzeitig ihre Reichweite zu vergrößern.

Aus Sicht der Kostenträger sind die Ergebnisse nicht eindeutig. Einerseits liegt die Glaubwürdigkeit ihrer Empfehlung relativ betrachtet zwar vor den klassischen Medienkanälen, dem Internet und der pharmazeutischen Industrie, absolut betrachtet liegt der Mittelwert der Empfehlung jedoch bei nur 50 von 100 Punkten. Während der Endverbraucher hinter der Empfehlung einer Krankenversicherung eher das Ansinnen auf Kosteneinsparung, Aufwandsvermeidung und Datensammlung vermutet als dies bei Arzt oder Apotheker der Fall ist, ist die Bereitschaft, Informationen aus Gesundheits-Apps an die Krankenversicherung weiterzugeben, sogar geringfügig höher als die, Informationen an den Apotheker zu geben.

Die traditionell eher schlechte Reputation der pharmazeutischen Industrie findet ihre Entsprechung in der schwach ausgeprägten Glaubwürdigkeit sowie der geringen Bereitschaft, Daten mit diesen Unternehmen zu teilen.

Da das Misstrauen gegenüber diesen Unternehmen jedoch unabhängig vom genutzten Medium sein dürfte, ist nicht auszuschließen, dass Apps für die Industrie – aller Vorbehalte der Endverbraucher zum Trotz – eine im Vergleich zu anderen Kanälen bessere Möglichkeit darstellen, um mit Patienten in Verbindung zu treten.

Schließlich zeigen sich bei der direkten Gegenüberstellung von Gesundheits-Apps und Arzneimitteln die Vorbehalte gegenüber den im Gesundheitsbereich bislang wenig eingesetzten Apps: Ein vermuteter höherer Aufwand und eine tendenziell schlechter empfundene Wirksamkeit führen deutlich vor Augen, dass noch Aufklärungsarbeit notwendig ist, um Apps einen adäquaten Stellenwert im Spektrum der Therapiemethoden einzuräumen.

6 Zusammenfassung und Fazit

Die Gegenüberstellung von angebotenen Apps und Meinungen der Endverbraucher belegt, dass der Markt für Gesundheits-Apps seine Funktion in weiten Teilen erfüllt: Viele Präferenzen der Endverbraucher spiegeln sich in den Downloadvolumina entsprechender Kategorien wider und lassen darauf schließen, dass der Bedarf der Endverbraucher tatsächlich erfüllt wird. Optimal lässt sich dies anhand der Trainings-Apps nachweisen, die einerseits im AAS stark vertreten sind und andererseits beim Endverbraucher auf großes Interesse stoßen.

Die Einsicht der Endverbraucher, dass gesundes Verhalten Disziplin erfordert und Apps ein geeignetes Mittel sind, diese Disziplin zu fördern, ist als ermutigend zu werten. Dies gilt besonders vor dem Hintergrund der stark zunehmenden, unter dem Schlagwort „Zivilisationskrankheiten" zusammengefassten Indikationen, deren wirkungsvollste Therapie häufig darin besteht, das Verhalten der Patienten zu modifizieren. Dass Gesundheits-Apps bereits heute schwerpunktmäßig zur Anpassung des Verhaltens genutzt werden, zeigt sich darin, dass die Funktion „Aufzeichnen" – und somit das Transparent- und Auswertbarmachen – am häufigsten unter den populärsten Gesundheits-Apps vertreten ist.

Dass der weitaus überwiegende Anteil der analysierten Apps der Gesunderhaltung dient, war zu Beginn der Studie nicht abzusehen – genauso wenig wie die Tatsache, dass einige dieser Applikationen zu den professionellsten Apps gehören, die untersucht wurden. Besonders unter den Fitness-Apps finden sich Anwendungen, die vom Funktionsumfang, der Konnektivität und auch der Integration mit anderen Geräten und Plattformen wegweisend sind. Auch die Geschäftsmodelle dieser Apps erscheinen deutlich ausgereifter als bei der Mehrzahl der Anbieter.

Konkrete Erkenntnisse liefert die Studie vor allem dahingehend, wie bzw. durch wen eine stärkere Nutzung von Gesundheits-Apps initiiert werden sollte. Ärzten wird zwar das höchste Vertrauen als Empfehler entgegengebracht, ihre ausgeprägte Unabhängigkeit und Eigenständigkeit sowie häufig geäußerte Vorbehalte gegenüber der Nutzung digitaler Quellen durch Patienten lassen tendenziell jedoch eine eher langsame Umsetzung in die Praxis erwarten. Die Patienten als Multiplikator heranzuziehen, dürfte vor allem mit der Hürde verbunden sein, unabhängige Plattformen mit einer hohen Reichweite für den Austausch mit anderen Patienten bereitzustellen. Wird hier auf anonyme, webgestützte Angebote zurückgegriffen, muss berücksichtigt werden, dass gefälschte oder bewusst irreführende Aussagen die Glaubwürdigkeit dramatisch reduzieren dürften.

Das größte und am leichtesten zu hebende Potenzial dürfte in den Händen der medizinisch-pharmazeutischen Fachgesellschaften und Patientenorganisationen liegen. Die Glaubwürdigkeit richtet sich in diesem Fall nicht auf eine schwer fassbare Berufs- oder Personengruppe, sondern bezieht sich auf eine Organisation. Diese kann als einheitlich auftretender Absender agieren und verfügt idealerweise auch über Ressourcen, um Gesundheits-Apps entweder anhand objektiver Maßstäbe zu bewerten oder um selbst Apps zu entwickeln. Die Fachgesellschaften stehen diesbezüglich vor der grundsätzlichen Frage, ob sie ihren Wirkungskreis auf Fachkreise beschränken oder ihr Vertrauen, das sie offenkundig bei den Patienten genießen, nutzen möchten.

Der Umfang der Studie erlaubt es nicht, detailliert zu untersuchen, welche Subgruppen eine erhöhte Affinität für das Thema Gesundheits-Apps aufweisen bzw. auf welche Art Empfehlungen sie besonders gut ansprechen. Hier bedarf es einer gesonderten Auswertung des Datensatzes.

Die vorliegenden Ergebnisse legen nahe, die Bereitschaft der als besonders glaubwürdig eingestuften Absender und Empfehler, für die stärkere Nutzung von Gesundheits-Apps einzutreten, genauer zu untersuchen. Um die Möglichkeit einer potenziellen Kostenübernahme von Gesundheits-Apps durch Krankenversicherungen zu eruieren, wäre es wünschenswert, dass Kostenträger oder eine Institution des Bundes (GBA, IQWIG) Voraussetzungen für eine Erstattung darlegen.

7 Quellenverzeichnis

1. Abroms L. et al., iPhone Apps for Smoking Cessation, American Journal of Preventive Medicine, Volume 40, Issue 3 (2011)
2. AppBrain, Number of available Android applications, http://www.appbrain.com/stats/number-of-android-apps Zuletzt abgerufen am 07.10.2012
3. Apple iTunes, App Store, http://itunes.apple.com, Zuletzt abgerufen am 07.10.2012
4. BITKOM, Fast eine Milliarde App-Downloads allein in Deutschland, http://www.bitkom.org/de/presse/8477_71298.aspx, Zuletzt abgerufen am 07.10.2012
5. BITKOM, Jeder Dritte hat ein Smartphone, http://www.bitkom.org/de/presse/8477_71854.aspx, Zuletzt abgerufen am 07.10.2012
6. BITKOM, Smartphone-Funktionen: Internet wichtiger als Telefonieren, http://www.bitkom.org/72691_72686.aspx, Zuletzt abgerufen am 07.10.2012
7. BITKOM, Wettkampf der Smartphone-Plattformen, http://www.bitkom.org/de/presse/30739_72316.aspx, Zuletzt abgerufen am 07.10.2012
8. Bloomberg, Ipad Toting Doctors Spur Venture Funding In Medical Apps, http://www.bloomberg.com/news/2012-06-18/oprah-aids-doctors-as-app-investments-soar-health.html, 18.06.2012, Zuletzt abgerufen am 07.10.2012
9. Bornstein, D., Mothers-to-Be Are Getting the Message, Opinionater Blog from the New York Times, http://opinionator.blogs.nytimes.com/2011/02/07/pregnant-mothers-are-getting-the-message/, Zuletzt abgerufen am 07.10.2012
10. Breton E. et al., Weight loss – there is an app for that! But does it adhere to evidence-informed practices?, Translational Behavioral Medicine, Volume 1, Number 4 (2011)
11. comScore, 2012 Mobile Future in Focus, http://www.comscore.com/Press_Events/Presentations_Whitepapers/2012/2012_Mobile_Future_in_Focus, Zuletzt abgerufen am 07.10.2012
12. d4, Regulation of health apps: a practical guide, http://blog.d4.org.uk/2012/01/regulation-of-health-apps-a-practical-guide.html, Zuletzt abgerufen am 07.10.2012

13. Distimo, The Appstore Opportunity, 25.04.2012, http://de.slideshare.net/gjspriensma/distimo-presentation, Zuletzt abgerufen am 07.10.2012
14. Distimo, Full Year 2011 Publication, http://www.distimo.com/blog/2011_12_distimo-releases-full-year-2011-publication, Zuletzt abgerufen am 07.10.2012
15. E-Commerce-Center-Handel, Mobile Commerce in Deutschland, 2012
16. Facebook Marketing und Social Media | Facebook Marketing Beratung, http://www.thomashutter.com/index.php/2012/07/facebook-mobile-nutzung-in-deutschland-osterreich-und-schweiz-legt-zu, Zuletzt abgerufen am 07.10.2012
17. Fogg, B.J., Persuasive Technology. Using Computers to Change What We Think and Do, Morgan Kauffmann Publishers, 2003
18. Fogg, B.J., Adler, R., Texting 4 Health – A Simple, Powerful Way to Improve Lives, Stanford Captology Media, 2009
19. Fogg, B.J., Health Tool Landscape, Mobile Health 2012, http://www.slideshare.net/PersuasiveTechLab/fogg-health-tool-landscape
20. GFM Nachrichten, In Deutschland erstmals mehr Smartphones als Feature Phones, http://www.gfm-nachrichten.de/news/aktuelles/article/bitkom-in-deutschland-erstmals-mehr-smartphones-als-Featurephones.html, Zuletzt abgerufen am 07.10.2012
21. Gigernezer G., Better Doctors, Better Patients, Better Decisions, Envisioning Health Care 2020, The MIT Press, 2011, S.3
22. Global Data, mHealth: Healthcare Goes Mobile, 03.08.2012, http://www.globaldata.com/PressReleaseDetails.aspx?PRID=294&Type=Industry&Title=Medical+Devices, Zuletzt abgerufen am 07.10.2012
23. Google: Our Mobile Planet, http://www.thinkwithgoogle.com/mobileplanet/de, Abfrage: Apps pro Smartphone, Zuletzt abgerufen am 07.10.2012
24. Google, Otto Group, TNS Infratest, Trend, Go-Smart-Studie 2012, www.ottogroup.com/media/docs/de/studien/go_smart.pdf, Zuletzt abgerufen am 07.10.2012
25. GSMA, Understanding Medical Device Regulation for mHealth, February 2012
26. Hamburg, K. et al., Zur Äquivalenz der Online- und der Papier-Bleistift-Version des IsoMetrics-Fragebogens zur Evaluation von Software, Grin Verlag, 2006
27. Healthcare Informatics, Research: Mobile Medical App market $150 Million and Rapidly Growing,13.06.2012, http://www.healthcare-informatics.com/news-item/research-mobile-medical-app-market-150-million-and-rapidly-growing, Zuletzt abgerufen am 07.10.2012

28. Healthcare IT News, Obama paves way for FDA's mobile app guidelines, http://www.healthcareitnews.com/news/obama-paves-way-fdas-mobile-app-guidelines, Zuletzt abgerufen am 07.10.2012
29. iHealthBeat, Number of Health Apps Rising, but Download Rates Remain Low, http://www.ihealthbeat.org/articles/2012/7/17/number-of-health-apps-rising-but-download-rates-remain-low.aspx?topic=mobile health, Zuletzt abgerufen am 07.10.2012
30. iMedial Apps, Randomized controlled study shows mobile app improves glucose control in Type 1 Diabetes, http://www.imedicalapps.com/2012/06/randomized-controlled-study-shows-mobile-app-improves-glucose-control-type-1-diabetics, Zuletzt abgerufen am 14.10.2012
31. IT News Online, FDA to Industry: Figure it App yourself, http://www.itnewsonline.com/showprnstory.php?storyid=229269, Zuletzt abgerufen am 07.10.2012
32. juniper research, Press Release: Mobile Healthcare and Medical App Downloads to Reach 44 Million Next Year, Rising to 142 Million in 2016, 29.11.2011, http://juniperresearch.com/viewpressrelease.php?pr=275, Zuletzt abgerufen am 07.10.2012
33. Localytics, App Retention Increasing, 26.06.2012, http://www.localytics.com/blog, Zuletzt abgerufen am 07.10.2012
34. Mercom Capital Group, Healthcare IT Q1 2012 Funding and M&A, 16.04.2012, http://mercomcapital.com/healthcare-it-q1-2012-funding-and-ma-another-strong-quarter-with-$184-million-in-vc-funding-highest-number-of-deals-recorded-with-27, Zuletzt abgerufen am 07.10.2012
35. MobiHealthNews, 2011: More than $500M in mobile health investments, 24.01.2012, http://mobihealthnews.com/16065/2011-more-than-500m-in-mobile-health-investments/, Zuletzt abgerufen am 07.10.2012
36. MobiHealthNews, FDA may regulate iPhone Health Apps, February 2009, http://mobihealthnews.com/474/fda-may-regulate-iphone-health-apps/, Zuletzt abgerufen am 07.10.2012
37. MobileMarketingWatch, Kaiser Permanente Teams With mobileStorm For SMS Reminders, Sees 300% ROI, http://www.mobilemarketingwatch.com/kaiser-permanente-teams-with-mobilestorm-for-sms-reminders-sees-30-cost-savings-4805,
Zuletzt abgerufen am 07.10.2012
38. Path of the blue eye, Text4baby, http://pathoftheblueeye.com/multimedia/community_resources/text4baby_Remick_slides.pdf, Zuletzt abgerufen am 07.10.2012

39. Quinn C. et al., Cluster-Randomized Trial of a Mobile Phone Personalized Behavioral Intervention for Blood Glucose Control, Diabetes Care, Volume 34 (2011)
40. Rock Health, Rock Report: State of Digital Health, 01.08.2011, http://de.slideshare.net/RockHealth/rock-report-state-of-digital-health , Zuletzt abgerufen am 07.10.2012
41. Rock Health, Rock Report: 2012 Midyear Funding Report, 22.06.2012, http://de.slideshare.net/RockHealth/rockhealth-2012-midyear-funding-report, Zuletzt abgerufen am 07.10.2012
42. Sherifali D. et al., A1C Levels – A systematic review and meta-analysis, Diabetes Care, Volume 33 (2010)
43. Socialbakers, Facebook Hits 488 Million Mobile Users, http://www.socialbakers.com/blog/554-facebook-hits-488-million-mobile-users-infographic, Zuletzt abgerufen am 07.10.2012
44. Techrunch.com, Aetna Reveals It Acquired Healthagen, Developer Of The #1 Mobile Health App iTriage, 16.12.2011, http://techcrunch.com/2011/12/16/aetna-itriage-healthagen, Zuletzt abgerufen am 07.10.2012
45. Techcrunch.com, Market For Mobile Health Apps Projected to Quadruple to $400 Million By 2016, 29.11.2011, http://techcrunch.com/2011/11/29/market-for-mobile-health-apps-projected-to-quadruple-to-400-million-by-2016/, Zuletzt abgerufen am 07.10.2012
46. TeleNav, Phone Wars – Survey finds one-third of American more willing to give up sex than their mobile phones,http://www.telenav.com/about/pr-summer-travel/report-20110803.html, Zuletzt abgerufen am 07.10.2012
47. Tomorrow Focus Media, Mobile Effects 2012-2, http://www.tomorrow-focus-media.de/studien/mobile-markt/info/mobile-effects-mai-2012/, Zuletzt abgerufen am 07.10.2012
48. Topol E., The Creative Destruction of Medicine – How the digital revolution will create better Healthcare, Basic Books, 2012, S. vi
49. U.S. Food and Drug Administration, Draft Guidance for Industry and Food and Drug Administration Staff - Mobile Medical Applications, http://www.fda.gov/MedicalDevices/DeviceRegulationandGuidance/GuidanceDocuments/ucm263280.htm, Zuletzt abgerufen am 07.10.2012
50. Zentralverband Elektrotechnik und Elektronikindustrie ZVEI, Mobile Endgeräte und 'Apps' in der Medizin, März 2012, http://www.zvei.org/Verband/Publikationen/Seiten/Mobile-Endgeraete-und-Apps-in-der-Medizin.aspx, Zuletzt abgerufen am 07.10.2012

8 Anlage 1: Erläuterungen zu Metadaten

8.1 Definitionen „Herausgeber Typ“

„Herausgeber Typ“ bezeichnet den für den Endanwender im Vordergrund stehenden Absender der App. Der Grund für diese breit angelegte Definition rührt daher, dass die als Herausgeber wahrgenommene Partei neben den drei Datenfeldern „Seller“, „Artist“ und „Copyright“ auch im Icon, der Überschrift oder dem Beschreibungstext aufgeführt sein kann. Vor allem bei Apps, die im Auftrag eines Unternehmens von Drittanbietern erstellt wurden, kann es sein, dass der Auftraggeber in keinem der drei Felder „Seller“, „Artist“ oder „Copyright“ auftaucht, aber z.B. im Icon oder der Überschrift sehr gut sichtbar angezeigt wird.

Als Gruppierungsgerüst für die Herausgeber dienen die folgenden Gruppen:

- Software-Unternehmen: Auf Softwareentwicklung spezialisierte Unternehmen
- Verlagshaus: Klassische Print- oder Fachverlage
- Unabhängiger Entwickler: Selbstständige Entwickler
- Gemeinnützige Organisation: Organisationen wie das Deutsche Rote Kreuz, der Arbeiter-Samariter-Bund oder ähnliche
- Patientengruppen: Patientenverbände oder Patienteninteressenvertretungen
- Fachgruppen: Arztverbände oder Fachgesellschaften
- Klinik: Einzelne Kliniken oder Klinikgruppen
- Apotheke: Öffentliche Apotheken oder Versandapotheken
- Fachkreisangehöriger: Ärzte oder Angehörige eines anderen Heilberufs
- Krankenversicherung: Gesetzliche oder private Krankenversicherungen
- Pharmahersteller: Pharmazeutische Unternehmen

- Anderes Gesundheitsunternehmen: Andere Unternehmen der Gesundheitsindustrie
- Andere: Andere Distributoren ohne klare Zuordnung zu einer Kategorie

Diese fein granulierte Aufgliederung basiert auf der Annahme, dass Glaubwürdigkeit und Vertrauen in eine App in nicht unerheblichem Maße vom Herausgeber bestimmt werden und daher eine Analyse der „Herkunft" der Apps sinnvoll ist.

8.2 Definitionen „Kategorie"

Unter dem Oberbegriff „Kategorie" verbirgt sich der Versuch einer Taxonomiebildung für Gesundheits-Apps. Ursprünglich war geplant, das von Chester Street Publishing verwendete Klassifikationsschema für Gesundheits-Apps im Rahmen dieser Arbeit zu nutzen.[118] Bei genauerer Betrachtung wies das Schema jedoch zahlreiche Schwächen auf, erwies sich in der Anwendung als nicht überschneidungsfrei und wurde daher nach einem ersten Testdurchlauf mit 50 Apps entsprechend modifiziert. Unter anderem wurden neue Kategorien eingeführt und Subkategorien anderen Hauptkategorien zugeordnet.

An dieser Stelle sollen lediglich kurz die Hauptkategorien des entwickelten Schemas vorgestellt werden. Eine vollständige Auflistung der Klassifikation ist in Anlage 1 zu finden.

Die für Endverbraucher bestimmten Hauptkategorien lauten:

- Allgemeine Gesundheit
- Körperliche Gesundheit
- Mentale Gesundheit
- Kinder- und Frauengesundheit
- Alternative Medizin

---

118 Vgl.: Chester Street Publishing 2012, An Analysis Of Consumer Health Apps For Apple's iPhone 2012

- Arzneimittel und Medikation
- Tiergesundheit

Die an Fachkreise adressierten Apps werden unter der Kategorie „Medizin“ zusammengefasst.

Zentrales Anliegen der Taxonomie ist es, einerseits Nutzersituationen und -absichten aufzugreifen und andererseits die unter den bereits existierenden Apps herausgebildeten Schwerpunkte adäquat abzubilden. Neben der reinen Nutzerperspektive sollen gleichermaßen auch die Marktgegebenheiten reflektiert werden. Dadurch ist zu erklären, dass Nischenbereiche wie „Kinder- und Frauengesundheit“ oder „Arzneimittel und Medikation“ gesondert adressiert werden.

8.3 Definitionen „Primärfunktion“

Neben der reinen Zuordnung der App zu einer bestimmten inhaltlich-situativen Kategorie sollen die Apps entsprechend ihrer primären Funktion erfasst werden. Hierbei soll sichergestellt sein, dass die Einteilung nach Funktionalität eine kategorieübergreifende Gültigkeit besitzt.

Um das Spektrum der aktuell angebotenen Apps darzustellen, haben sich fünf übergeordnete Funktionsfelder mit jeweils drei bis vier Subkategorien herauskristallisiert:

- Führen
    - Anleiten: Isoliert nutzbare, klare Anweisungen mit kurzfristigem Horizont
    - Coachen: Erreichung eines Zieles oder Strukturieren eines Zeitraumes
    - Lindern: Konkrete Entspannungs- oder Therapieleistung durch App
- Beobachten
    - Zeitnehmen: Erfassen oder Vorgeben von Zeiträumen
    - Erinnern: Erinnern an Ereignisse oder Aufgaben

    - Aufzeichnen: Speichern und Darstellen unterschiedlicher Messwerte
    - Aufzeichnen und Erinnern: Speichern von Messwerten und Erinnerung
- Ermitteln
    - Berechnen: Berechnen von Werten oder Parametern
    - Diagnose ermitteln: Herleiten einer Diagnose durch Symptomerfassung
    - Testen: Prüfen physischer oder mentaler Parameter
    - Quiz: Frage-Antwort-Spiel, häufig mit edukativem Hintergrund
- Vermitteln
    - Referenz: Nachschlagewerk
    - Lernreferenz: Nachschlagewerk mit klarem Ausbildungszweck
    - Spiel: Spiel zur Vermittlung gesundheitsrelevanter Inhalte
    - Medium/Unterhaltung: Übertragung einer Printpublikation in App-Form
- Verbinden
    - Finden: Örtliches Auffinden von Ärzten, Apotheken, Kliniken usw.
    - Kommunizieren: Kommunikation z.B. mit Leistungsträgern
    - Kaufen: Erwerb von Produkten über die App

8.4 Definitionen „Gesundheitsphase“

Mit der Metainformation „Gesundheitsphase“ wird das gesundheitliche Stadium erfasst, in dem die App vorrangig zum Einsatz kommt. Unterschieden wird grob in die Bereiche Leistungssteigerung, Gesunderhaltung und Therapie. Die aufgegriffene Phaseneinteilung lehnt sich dabei an das von B. J. Fogg formulierte „Health Tool Landscape“-Modell an.[119] Modifikationen wurden vorgenommen, um den Bereich „Diagnose“ zu berücksichtigen und den für Fachkreise bedeutenden Bereich „Ausbildung“ aufzunehmen.

---

119 Fogg, B.J., Health Tool Landscape, Mobile Health 2012, http://www.slideshare.net/PersuasiveTechLab/fogg-health-tool-landscape

Die einzelnen im Kontinuum aufgeführten Gesundheitsphasen können in eine logische Abfolge gebracht werden.

Phasenmodell zur Einordnung von Gesundheits-Apps

Ausbildung

	Leistung	Wohlbefinden	Prävention	Diagnose	Therapie	Management
Fachkreise						
Endverbraucher						

Quelle: Eigene Darstellung

Zu beachten ist, dass Apps mit dem Fokus Leistung und Wohlbefinden auch in Gesundheitsphasen zum Einsatz kommen können, die stärker von Krankheiten beeinflusst werden, d.h. als präventives oder sogar als therapeutisches Instrument eingesetzt werden können.

Um die Phaseneinteilung verständlich zu machen, wird kurz auf die einzelnen Begriffe eingegangen:

„Leistung" umfasst die Apps, die der Steigerung der körperlichen und geistigen Leistungsfähigkeit dienen. Hierunter fallen die Mehrzahl der Fitnessanwendungen, da sowohl Funktionen als auch Auslobung nahe legen, dass die Leistungsverbesserung im Vordergrund steht.

„Wohlbefinden" beinhaltet die Apps, die im weitesten Sinne die Gesunderhaltung bzw. die Steigerung des Wohlbefindens zum Ziel haben. Hierunter fallen hauptsächlich Apps, die bei psychischen Belastungen wie Stresszuständen, Einschlafstörungen usw. helfen sollen.

„Prävention" fasst die Apps zusammen, die einen klaren Vorsorgefokus haben. Beispiele sind Apps zur Vermeidung von Nahrungsmittelallergien, zur Bestimmung der UV-Belastung, zur Vorbeugung von Rückfällen bei Bandscheibenproblemen, aber auch Apps für die Benachrichtigung im Notfall.

„Diagnose" setzt sich aus Apps zusammen, die auf unterschiedlichem Wege eine Diagnose ermöglichen oder erklären. Diese Gesundheitsphase betrifft Endverbraucher und Fachkreise gleichermaßen. Beispiele für Apps dieser Gesundheitsphase sind: Selbsttests, Sehtests, Kalkulatoren aber auch ICD-10 Diagnoseauskünfte.

„Therapie“ beinhaltet alle Apps, die unmittelbar therapierelevante Inhalte liefern. Auch dieser Bereich spricht sowohl Fachkreise als auch Endverbraucher an. Stellvertretend für diese Kategorie seien angeführt: Apps, die Symptomerhebung und darauf aufbauende Therapieempfehlung vereinen, medizinische Referenz-Datenbanken, Ratgeber der alternativen Medizin und schließlich Raucherentwöhnungs-Apps.

„Management“ schließlich aggregiert die Apps, die eine Vereinfachung oder Verbesserung des Therapiemanagements chronischer Krankheiten zum Ziel haben. Beispiele sind Patiententagebücher in App-Form mit Auswertungs- und Reportmöglichkeiten, Medikationshilfen wie Tabletteneinnahmeerinnerungen oder auch Laborwertetracker.

„Education“ ist die einzige Rubrik, bei der die Zuweisung zu einer einzelnen Gesundheitsphase nicht gelingt, da sie für jede Gesundheitsphase Gültigkeit hat. Adressiert werden hier ausschließlich Medizinstudenten oder Fachkreise.

8.5 Definitionen „Konnektivität“

Ziel dieses Parameters ist es, die Integration unterschiedlicher Kommunikationskanäle zu erfassen. Die Entscheidung, diese Komponenten in die Analyse mit einzubeziehen, beruht darauf, dass Gruppendruck und gemeinsame Zielerreichung als starke Motivatoren für eine Verhaltensänderung gelten.

Die Erfassung ist sehr grob und differenziert lediglich in die folgenden Kategorien:

- Keine Kommunikationsmöglichkeit vorhanden
- E-Mail als Kommunikationskanal möglich
- E-Mail, Facebook und twitter als Kanäle integriert

- Eigene Community ist Bestandteil der App

Anhand dieses groben Rasters kann eine erste Einschätzung der angebotenen Kommunikationsmöglichkeiten vorgenommen werden.

9 Anlage 2: Variablen

9.1 Online-Umfrage – Variablen-Übersicht

Variable Name	**InputType**
Mobile Flag	User-Agent
Geschlecht	Radio Button
Alter	Drop-Down
Bildung	Radio Button
Arztbesuche Häufigkeit	Radio Button
Gesundheitssituation Chronisch Krank	Radio Button
Gesundheitsbewusstsein	Radio Button
Lebensstil	Radio Button
Technik	Radio Button
Internetnutzung	Radio Button
Smartphone-Nutzung	Radio Button
Smartphone Nutzungsdauer	Radio Button
Smartphone-Typ	Radio Button
Smartphone-App-Nutzung	Radio Button
Apps-Installationen	Radio Button
Apps-Nutzungshäufigkeit	Radio Button
Apps Kostenpflichtige Installationen	Radio Button
Apps Zahlungsbereitschaft Installierte	Radio Button
Apps Gesundheitsapps	Radio Button
Gesundheits-Apps Einstellung	Radio Button
Gesundheits-Apps Themen	
Erinnern Medikamenteneinnahme	Radio Button
Erinnern Arztbesuch Vorsorge Impfung	Radio Button
NEW-SUB-VAR: ERINNERN	
Eintragen Speichern Med Werte	Radio Button

Eintragen Speichern Trainingswerte	Radio Button
Eintragen Speichern Nahrungsmittel	Radio Button
Eintragen Speichern Körpergewicht	Radio Button
NEW-SUB-VAR: EINTRAGEN-SPEICHERN	
Unterstützung Stress	Radio Button
Unterstützung Diäten	Radio Button
Unterstützung Entspannungsübungen	Radio Button
Unterstützung Gesunder Lebensstil	Radio Button
Unterstützung Lebensphasen	Radio Button
Unterstützung Fitnesstraining	Radio Button
NEW-SUB-VAR: UNTERSTÜTZUNG	
Erklärung Behandlung Operationen	Radio Button
Erklärung Krankheiten	Radio Button
NEW-SUB-VAR: ERKLÄRUNG	
Tipps Vorsorgemaßnahmen	Radio Button
Selbständiges Ermitteln Diagnose	Radio Button
Begleitung Chronische Krankheiten	Radio Button
NEW-SUB-VAR: THEMEN-TOTAL	
Gesundheits-Apps Einstellungen	
Interessieren mich	Slider
Halte ich für sinnvoll	Slider
NEW-SUB-VAR: POSITIV	
Sind geeignet, um Arztbesuche zu vermeiden	Slider
Machen mich unabhängiger von meinem Arzt	Slider
Führen zu besserem Verhältnis zu Arzt	Slider
Helfen mir, mich auf meinen Arztbesuch vorzubereiten	Slider
NEW-SUB-VAR: ??? -> NOT POSSIBLE	
Sind geeignet, mir selbst zu helfen	Slider
Ermöglichen mir größeren Einfluss auf meine Gesundheit	Slider
Lassen mich souveräner mit meiner Gesundheit umgehen	Slider

NEW-SUB-VAR: SELBSTBESTIMMTHEIT	
Halte ich für eine Modeerscheinung	Slider
Sind mir zu zeitaufwändig	Slider
NEW-SUB-VAR: NEGATIV	
Üben Druck auf mich aus und schränken mich in meiner Freiheit ein	Slider
Helfen mir, mich zu disziplinieren, um meine Gesundheit zu verbessern	Slider
Gesundheits-Apps Krankenversicherung	
Krankenversicherung innovativ	Radio Button
Krankenversicherung besser versorgen	Radio Button
NEW-SUB-VAR: KV-POSITIV	
Krankenversicherung Kosten einsparen	Radio Button
Krankenversicherung weniger Aufwand	Radio Button
Krankenversicherung Daten über mich sammeln	Radio Button
NEW-SUB-VAR: KV-NEGATIV	
Anmerkungen Krankenversicherung	Text
Gesundheits-Apps Apotheke	
Apotheke innovativ	Radio Button
Apotheke besser versorgen	Radio Button
NEW-SUB-VAR: APOTHEKE-POSITIV	
Apotheke Kosten einsparen	Radio Button
Apotheke weniger Aufwand	Radio Button
Apotheke Daten über mich sammeln	Radio Button
NEW-SUB-VAR: APOTHEKE- NEGATIV	
Anmerkungen Apotheke	Text
Gesundheits-Apps Arzt	
Arzt innovativ	Radio Button
Arzt besser versorgen	Radio Button
NEW-SUB-VAR: ARZT-POSITIV	

Arzt Kosten einsparen	Radio Button
Arzt weniger Aufwand	Radio Button
Arzt Daten über mich sammeln	Radio Button
NEW-SUB-VAR: ARZT-NEGATIV	
Anmerkungen Arzt	Text
Gesundheits-Apps Arzneimittelvergleich	
App besser als Arzneimittel	Slider
App günstiger als Arzneimittel	Slider
App mehr Aufwand als ein Arzneimittel	Slider
Gesundheits-Apps Empfehlung	
Arzt	Slider
Apotheker	Slider
NEW-SUB-VAR: HCP	
Medizinische Fachgesellschaft	Slider
Patientenorganisation	Slider
NEW-SUB-VAR: ORGANISATION	
Freund/Bekannter	Slider
Betroffene mit gleichen gesundheitlichen Problemen	Slider
NEW-SUB-VAR: PERSONEN	
Beitrag im Internet	Slider
Beitrag in klassischen Medien	Slider
NEW-SUB-VAR: MEDIEN	
Krankenversicherung	Slider
Pharmazeutisches Unternehmen	Slider
Gesundheits-Apps Empfehlung Zahlungsbereitschaft	Radio Button
Gesundheits-Apps Anbieter	
Arzt	D&D/Matrix
Klinik	D&D/Matrix
Apotheke	D&D/Matrix
NEW-SUB-VAR: LEISTUNGSERBRINGER	

Wohlfahrtsorganisation	D&D/Matrix
Patientenorganisation	D&D/Matrix
Medizinische Fachgesellschaft	D&D/Matrix
NEW-SUB-VAR: ORGANISATIONEN	
Verlagshaus	D&D/Matrix
Unabhängige App-Entwickler	D&D/Matrix
NEW-SUB-VAR: NON-HEALTHCARE	
Krankenversicherung	D&D/Matrix
Pharmazeutisches Unternehmen	D&D/Matrix
Gesundheits-Apps Datenzugriff	
Arzt	Slider
Apotheke	Slider
Patientenorganisation	Slider
Wohlfahrtsorganisation	Slider
Krankenversicherung	Slider
Pharmazeutisches Unternehmen	Slider
Bekannte auf Facebook oder anderen sozialen Netzwerken	Slider
Anderen Patienten mit gleicher Erkrankung (pers. Daten)	Slider
Anderen Patienten mit gleicher Erkrankung (anonym)	Slider
Anbieter der App	Slider

9.2 App-Datenbank – Variablen-Übersicht

	AAS-Data	
1	Name: Name der App, wie im AAS angezeigt	Nominal
2	Apple-ID: Eineindeutige Nummer, die im AAS als Referenz genutzt wird	Nominal
3	Launch Date: Zeitpunkt, zu dem die erste Version der App im AAS gelistet wurde	Intervall
4	Artist: Inhaltlicher Entwickler der App	Nominal
5	Seller: Verkäufer, auf dessen Rechnung die App im AAS verkauft wird	Nominal

6	Copyright: Inhaber der Urheberrechte an der App und deren Inhalte	Nominal
7	Primary Category: Hauptkategorie, in der die App im AAS geführt wird	Nominal
8	Rank Free/Paid/Grossing: Rang der App in der Hauptkategorie	Ordinal
9	Price: Der bei initialem Download und Installation fällige Preis im AAS	Intervall
10	Rating: Auf halbe Sterne gerundete Skala von 1–5 Sterne.	Ordinal
11	In-App-Purchasing (IAP): Angabe, ob Inhalte in der App erworben werden können	Nominal
12	Description: Beschreibungstext der App aus dem AAS	Open
	Xyologic-Data	
13	Downloads	Intervall
	Meta-Data	
14	App Type: Gesundheits-App oder keine Gesundheits-App	Nominal
15	App Language: DE, ENG, OTHER	Nominal
16	Publisher Type: Art des Herausgebers	Nominal
17	Target Group: Zielgruppe	Nominal
18	Category 1–3: Einordnung der App in eine abgrenzbare therapeutische Kategorie.	Nominal
19	Primary Function: Erfassung der vorrangigen Funktionalität der App.	Nominal
20	Disease Area: Versuchsweise Zuordnung der App in eines der ICD-10 Kapitel.	Nominal
21	Gesundheitsphase: Grobe Einordnung in eine Phase des Gesundheitskontinuums.	Nominal
22	Connectivity: Schematische Einteilung in Kommunikationsmöglichkeiten	Nominal

10 Anlage 3: Taxonomie

10.1 Endverbraucher (Ursprungstaxonomie in englischer Sprache)

General Health	Mental Health
Emergency Care	General Mental Well-being
First Aid	Mental Performance
Personal Information	Happiness
Panic Button	Sexuality
Other	Other
Healthcare System	Stress
Information	Light and Sound
Laboratory	Affirmations
PHR	Meditation
Other	Hypnosis
Physical Health	Massage
General Physical Wellbeing	Breathing
Massage	TaiChi
Diagnostics	Yoga
Other	Other
Nutrition	Sleep
Weight Loss	Sleeping Pattern
Calorie Counter	Light and Sound
Calorie Information	Affirmations
Ingredients	Meditation
Healthy Diet/Recipes	Hypnosis
Detox	Alarm Clock
BMR	Apnea
BMI	Snoring
Blood Alcohol	Other
Fluid Intake	Addiction
Other	Smoking
Cardio Fitness	Alcohol
General Fitness	Drugs
Running	Other
Cycling	Depression

    - Walking
    - Dance
    - Martial Arts
    - Women's Fitness
    - Other
- Strength Fitness
    - Training Schedule
    - Weight Lifting
    - Core Training
    - Pilates
    - Yoga
    - Push-up
    - Sit-up
    - Sixpack
    - Self defense
    - Women's Fitness
    - Other
- Acute Conditions
    - Sport Accident
    - Headache
    - Cold
    - Other
- Chronic Conditions
    - Diabetes
    - Hypertension
    - Heart Disease
    - Cholesterol
    - Allergy
    - Back-Pain
    - Chronic Pain
    - Skin Diseases
    - Senses
    - Cancer
    - Other
- Other

        - Depressive Mood
        - Major Depression
        - Bipolar Disorder
    - Phobias
    - Anxiety
    - Schizophrenia
    - Other
- Women's & Children's Health
    - Period
    - Ovulation
    - Pregnancy
    - Labor
    - Baby
    - Children
    - Menopause
    - Other
- Medication
    - Adherence
    - Information
    - Administration
    - Drug Interaction
    - Other
- Alternative Medicine
    - Phytomedicine
    - Homeopathy
    - Traditional Medicine
    - Acupuncture
    - Acupressure
    - Other
- Animal Health
    - Dogs
    - Cats
    - Other

10.2 Fachkreise (Ursprungstaxonomie in englischer Sprache)

Medicine
    Anatomy
    Histology
    Orthopedics
    Neuroscience
    Surgery
    Internal Medicine
        Cardiology
        Critical care medicine
        Endocrinology
        Gastroenterology
        Geriatrics
        Haematology
        Hepatology
        Infectious diseases
        Nephrology
        Oncology
        Pulmonology/Pneumology
        Rheumatology
        Sleep medicine
	Anesthisiology
	Dermatology
	Emergency Medicine
	OB/GYN
	Neurology
	Ophtalmology
	Dentistry
	Pediatrics
	Psychiatry
	Preventive Medicine
	Diagnostics
	Laboratory
	Pharmacology
	Veterinary
	Medical Education
	Other

11 Anlage 4: Online-Fragebogen

Erläuterungen und Hinweise

Einleitung - Erläuterungen und Hinweise

Vielen Dank, dass Sie bereit sind, an der Befragung teilzunehmen - die Beantwortung der Fragen wird etwa 10 - 12 Minuten dauern.

Thema der Befragung ist die Nutzung mobiltelefongestützter Programme - sogenannter Apps - zur Verbesserung der Gesundheit.

Ihre Antworten werden vollkommen anonym erhoben. Persönliche Daten werden nicht abgefragt. Eine Zuordnung der Antworten zu Ihrer Person ist nicht möglich.

Bitte beachten Sie, dass die mit einem roten Stern (*) gekennzeichneten Fragen für die Auswertung der Befragung notwendig sind.

Sollten Sie Fragen haben, können Sie diese gerne per Email an mich richten:

christopher.funk@charite.de

Vielen Dank für Ihre Unterstützung,

Christopher Funk

Studiengang Consumer Healthcare
Charité Universitätsmedizin Berlin

Frage 1: Smartphone – Nutzung (Filterfrage)

Smartphone - Nutzung

1. Nutzen Sie ein Smartphone? *

- Ja
- Nein
- Weiß ich nicht

Frage 2: Smartphone – Nutzungsdauer

Smartphone - Nutzungsdauer

2. Wie lange nutzen Sie schon ein Smartphone?

- 1 - 3 Monate
- 4 - 6 Monate
- 7 - 9 Monate
- 10 - 12 Monate
- Länger als 1 Jahr - bis 2 Jahre
- Länger als 2 Jahre - bis 3 Jahre
- Länger als 3 Jahre

Frage 3: Smartphone – Typ

Smartphone - Typ

3. Was für ein Smartphone nutzen Sie zurzeit?

- Nokia (Symbian)
- Nokia (Lumia/Windows)
- iPhone
- Samsung Galaxy
- Sony-Ericsson (Xperia Modelle)
- HTC
- BlackBerry
- Anderes Android Smartphone
- Anderes Windows Smartphone
- Weiß ich nicht

Frage 4: Smartphone – App-Nutzung (Filterfrage)

Smartphone - App-Nutzung

4. Haben Sie bereits Apps auf Ihr Smartphone heruntergeladen und installiert? *

- Ja
- Nein
- Weiß ich nicht

Frage 5: Apps – Installationen

Apps - Installationen

5. Wie viele Apps haben Sie bereits auf Ihrem Smartphone installiert?

- 1-10
- 11-20
- 21-30
- 31-40
- 41-50
- 51-60
- Mehr als 60

Frage 6: Apps – Nutzungshäufigkeit

Apps - Nutzungshäufigkeit

6. Wie häufig nutzen Sie auf Ihrem Smartphone installierte Apps?

- Mehrmals täglich
- Täglich
- Mehrmals pro Woche
- Ein paar mal im Monat
- Seltener

Frage 7: Apps – Kostenpflichtige Apps (Filterfrage)

Apps - Kostenpflichtige Installationen

7. Haben Sie bereits kostenpflichtige Apps auf Ihrem Smartphone installiert? *

- Ja
- Nein
- Weiß ich nicht

Frage 8: Apps – Zahlungsbereitschaft installierte Apps

Apps - Zahlungsbereitschaft installierte Apps

8. Was haben Sie für die teuerste auf Ihrem Smartphone installierte kostenpflichtige App ausgegeben? (Höchstbetrag, den Sie jemals für eine App bezahlt haben)

- 0,79 €
- 0,80 - 2,00 €
- 2,01 - 5,00 €
- 5,01 - 10,00 €
- mehr als 10 €

Frage 9: Apps – Installation Gesundheits-Apps

Apps - Installation Gesundheits-Apps

9. Haben Sie bereits Gesundheits-Apps auf Ihrem Smartphone installiert? *

- Ja - nur kostenlose
- Ja - kostenlose und kostenpflichtige
- Ja - nur kostenpflichtige
- Nein

Frage 10: Gesundheits-Apps – Einstellung

Gesundheits-Apps - Einstellung

10. Was glauben Sie: Können Gesundheits-Apps generell bei der Verbesserung der Gesundheit helfen? *

- Ja
- Nein

Frage 11: Gesundheits-App – Themen

Gesundheits-Apps - Themen

11. Bei den folgenden Themen können mich Gesundheits-Apps unterstützen. *

Hinweis: Diese und die kommende Frage sind relativ umfangreich - alle darauf folgenden Fragen sind mit weniger Aufwand zu bearbeiten.

	Trifft nicht zu	Trifft eher nicht zu	Teils Teils	Trifft eher zu	Trifft zu
Erklärung von Krankheiten *	○	○	○	○	○
Unterstützung beim Führen eines gesunden Lebensstils *	○	○	○	○	○
Unterstützung beim Fitnesstraining *	○	○	○	○	○
Eintragen und Speichern konsumierter Nahrungsmittel *	○	○	○	○	○
Selbständiges Ermitteln einer Diagnose *	○	○	○	○	○
Eintragen und Speichern medizinischer Werte wie Blutdruck *	○	○	○	○	○
Erklärung von Behandlungen und Operationen *	○	○	○	○	○
Unterstützung beim Abbau von Stress *	○	○	○	○	○
Unterstützung in Lebensphasen (z.B. Schwangerschaft) *	○	○	○	○	○
Eintragen und Speichern von Trainingswerten *	○	○	○	○	○
Unterstützung bei der Durchführung von Entspannungsübungen *	○	○	○	○	○
Eintragen und Speichern des Körpergewichts *	○	○	○	○	○
Unterstützung beim Einhalten von Diäten *	○	○	○	○	○
Erinnern an Medikamenteneinnahme *	○	○	○	○	○
Begleitung bei chronischen Erkrankungen (z.B. Diabetes, Asthma) *	○	○	○	○	○
Tipps zu Vorsorgemaßnahmen *	○	○	○	○	○
Erinnern an Arztbesuche / Vorsorgeuntersuchungen / Impftermine *	○	○	○	○	○

Frage 12: Gesundheits-Apps – Einstellungen

Gesundheits-Apps - Einstellungen

Bitte ziehen Sie den Schieberegler auf die Position, die Ihrer Meinung entspricht.

12. Gesundheits-Apps ...

ermöglichen mir einen größeren Einfluss auf meine Gesundheit.

Trifft nicht zu — Trifft zu

interessieren mich.

Trifft nicht zu — Trifft zu

sind geeignet, um Arztbesuche zu vermeiden.

Trifft nicht zu — Trifft zu

halte ich für sinnvoll.

Trifft nicht zu — Trifft zu

üben Druck auf mich aus und schränken mich in meiner Freiheit ein.

Trifft nicht zu — Trifft zu

helfen mir, mich auf einen Arztbesuch vorzubereiten.

Trifft nicht zu — Trifft zu

halte ich für eine kurzfristige Modeerscheinung.

Trifft nicht zu — Trifft zu

lassen mich souveräner mit meiner Gesundheit umgehen.

Trifft nicht zu — Trifft zu

führen zu einem besseren Verhältnis zu meinem Arzt.

Trifft nicht zu — Trifft zu

sind mir zu zeitaufwändig.

Trifft nicht zu — Trifft zu

helfen mir, mich zu disziplinieren, um meine Gesundheit zu verbessern.

Trifft nicht zu — Trifft zu

sind geeignet, um mir selbst zu helfen.

Trifft nicht zu | Trifft zu

machen mich unabhängiger von meinem Arzt.

Trifft nicht zu | Trifft zu

Frage 13 und 14: Gesundheits-Apps – Krankenversicherung

Gesundheits-Apps - Krankenversicherung

13. Wenn Ihnen Ihre Krankenversicherung eine App empfehlen würde, dann würden Sie vermuten, ...

	Trifft nicht zu	Trifft eher nicht zu	Teils Teils	Trifft eher zu	Trifft zu
dass die Krankenversicherung innovativ ist.	○	○	○	○	○
dass die Krankenversicherung mich besser versorgen will.	○	○	○	○	○
dass die Krankenversicherung Kosten einsparen will.	○	○	○	○	○
dass die Krankenversicherung weniger Aufwand haben will.	○	○	○	○	○
dass die Krankenversicherung Daten über mich sammeln will.	○	○	○	○	○

14. Haben Sie weitere Anmerkungen zur Empfehlung von Gesundheits-Apps durch eine Krankenversicherung?

Frage 15 und 16: Gesundheits-Apps – Apotheken

Gesundheits-Apps - Apotheke

15. Wenn Ihnen Ihre Apotheke eine App empfehlen würde, dann würden Sie vermuten, ...

	Trifft nicht zu	Trifft eher nicht zu	Teils Teils	Trifft eher zu	Trifft zu
dass die Apotheke innovativ ist.	○	○	○	○	○
dass die Apotheke mich besser versorgen will.	○	○	○	○	○
dass die Apotheke Kosten einsparen will.	○	○	○	○	○
dass die Apotheke weniger Aufwand haben will.	○	○	○	○	○
dass die Apotheke Daten über mich sammeln will.	○	○	○	○	○

16. Haben Sie weitere Anmerkungen zur Empfehlung von Gesundheits-Apps durch eine Apotheke?

Frage 17 und 18: Gesundheit-Apps - Ärzte

Gesundheits-Apps - Ärzte

17. Wenn Ihnen Ihre Ärztin/Ihr Arzt eine App empfehlen würde, dann würden Sie vermuten, ...

	Trifft nicht zu	Trifft eher nicht zu	Teils Teils	Trifft eher zu	Trifft zu
dass der Arzt innovativ ist.	○	○	○	○	○
dass der Arzt mich besser versorgen will.	○	○	○	○	○
dass der Arzt Kosten einsparen will.	○	○	○	○	○
dass der Arzt weniger Aufwand haben will.	○	○	○	○	○
dass der Arzt Daten über mich sammeln will.	○	○	○	○	○

18. Haben Sie weitere Anmerkungen zur Empfehlung von Gesundheits-Apps durch eine Ärztin/einen Arzt?

Frage 19: Gesundheits-Apps – Arzneimittelvergleich

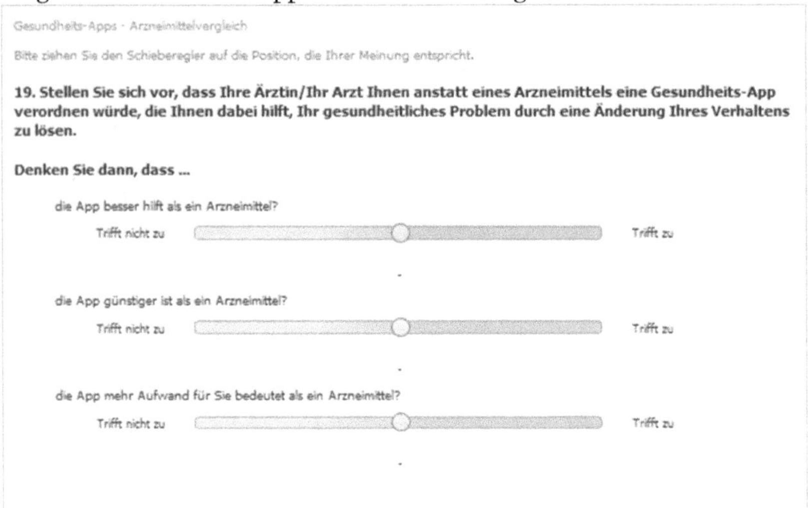

Gesundheits-Apps - Arzneimittelvergleich

Bitte ziehen Sie den Schieberegler auf die Position, die Ihrer Meinung entspricht.

19. Stellen Sie sich vor, dass Ihre Ärztin/Ihr Arzt Ihnen anstatt eines Arzneimittels eine Gesundheits-App verordnen würde, die Ihnen dabei hilft, Ihr gesundheitliches Problem durch eine Änderung Ihres Verhaltens zu lösen.

Denken Sie dann, dass ...

die App besser hilft als ein Arzneimittel?

Trifft nicht zu — Trifft zu

die App günstiger ist als ein Arzneimittel?

Trifft nicht zu — Trifft zu

die App mehr Aufwand für Sie bedeutet als ein Arzneimittel?

Trifft nicht zu — Trifft zu

Frage 20: Gesundheits-Apps – Empfehlung

Gesundheits-Apps - Empfehlung

Bitte ziehen Sie den Schieberegler auf die Position, die Ihrer Meinung entspricht.

20. Wenn mir eine Gesundheits-App durch folgende Personen/Quellen empfohlen wird, dann werde ich die Gesundheits-App ...

Apotheker(in)

Auf gar keinen Fall installieren — Mit Sicherheit installieren

Medizinische Fachgesellschaft (z.B. Deutsche Krebsgesellschaft, Deutsche Gesellschaft für Innere Medizin, ...)

Auf gar keinen Fall installieren — Mit Sicherheit installieren

Patientenorganisation (z.B. Deutsche Herzstiftung, Deutsche Atemwegsliga, ...)

Auf gar keinen Fall installieren — Mit Sicherheit installieren

Pharmazeutisches Unternehmen

Auf gar keinen Fall installieren — Mit Sicherheit installieren

Ärztin / Arzt

Auf gar keinen Fall installieren — Mit Sicherheit installieren

Betroffene, die die gleichen gesundheitlichen Probleme / Anliegen haben wie ich

Auf gar keinen Fall installieren — Mit Sicherheit installieren

Krankenversicherung

Auf gar keinen Fall installieren — Mit Sicherheit installieren

Beitrag in klassischen Medien (Zeitung, Fernsehen, Radio)

Auf gar keinen Fall installieren — Mit Sicherheit installieren

Freund(in) / Bekannte(r)

Auf gar keinen Fall installieren — Mit Sicherheit installieren

Beitrag im Internet

Auf gar keinen Fall installieren — Mit Sicherheit installieren

Frage 21: Gesundheits-App – Empfehlung & Zahlungsbereitschaft

Gesundheits-Apps - Empfehlung & Zahlungsbereitschaft

21. Sind Sie aufgrund einer Empfehlung eher bereit, Geld für eine Gesundheits-App auszugeben?

- Ja
- Nein

Frage 22: Gesundheits-Apps – Anbietervertrauen

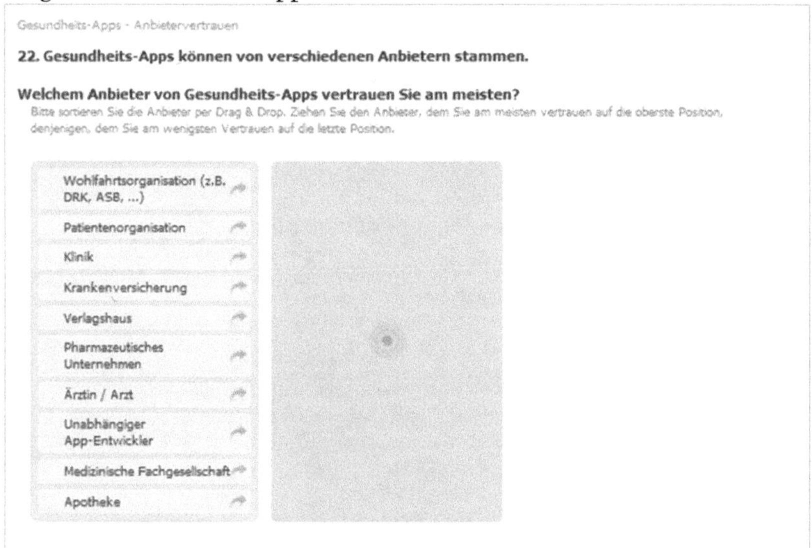

Gesundheits-Apps - Anbietervertrauen

22. Gesundheits-Apps können von verschiedenen Anbietern stammen.

Welchem Anbieter von Gesundheits-Apps vertrauen Sie am meisten?

Bitte sortieren Sie die Anbieter per Drag & Drop. Ziehen Sie den Anbieter, dem Sie am meisten vertrauen auf die oberste Position, denjenigen, dem Sie am wenigsten Vertrauen auf die letzte Position.

- Wohlfahrtsorganisation (z.B. DRK, ASB, ...)
- Patientenorganisation
- Klinik
- Krankenversicherung
- Verlagshaus
- Pharmazeutisches Unternehmen
- Ärztin / Arzt
- Unabhängiger App-Entwickler
- Medizinische Fachgesellschaft
- Apotheke

Frage 23: Gesundheits-Apps – Datentransfer

Gesundheits-Apps - Datentransfer

Bitte ziehen Sie den Schieberegler auf die Position, die Ihrer Meinung entspricht.

23. Bei der Verwendung von Gesundheits-Apps können Daten gespeichert werden, die Ihren Gesundheitszustand betreffen.

Wem würden Sie Zugriff auf diese Daten geben?

Ärztin / Arzt

Gar keinen Zugriff Vollen Zugriff

Bekannten auf facebook oder anderen sozialen Netzwerken

Gar keinen Zugriff Vollen Zugriff

Anderen Patienten mit der gleichen Erkrankung unter Angabe Ihrer persönlichen Daten

Gar keinen Zugriff Vollen Zugriff

Anbieter, der die Gesundheits-App erstellt hat

Gar keinen Zugriff Vollen Zugriff

Krankenversicherung

Gar keinen Zugriff Vollen Zugriff

Wohlfahrtsorganisation (z.B. DRK, ASB, ...)

Gar keinen Zugriff Vollen Zugriff

Anderen Patienten mit der gleichen Erkrankung in anonymisierter Form

Gar keinen Zugriff Vollen Zugriff

Patientenorganisation

Gar keinen Zugriff Vollen Zugriff

Apotheke

Gar keinen Zugriff Vollen Zugriff

Pharmazeutisches Unternehmen

Gar keinen Zugriff Vollen Zugriff

Frage 24: Arztbesuche – Häufigkeit

Arztbesuche - Häufigkeit

24. Wie häufig suchen Sie einen Arzt auf?

- Weniger als 1 mal im Jahr
- 1-5 mal im Jahr
- 6-10 mal im Jahr
- 11-15 mal im Jahr
- 16-20 mal im Jahr
- 21-30 mal im Jahr
- Mehr als 30 mal im Jahr

Frage 25: Gesundheitssituation – chronische Erkrankung

Gesundheitssituation - chronische Erkrankung

25. Leiden Sie an einer chronischen Erkrankung?

- Ja
- Nein
- Weiß nicht

Frage 26: Persönliche Einstellung – Gesundheitsbewusstsein

Persönliche Einstellung - Gesundheitsbewusstsein

26. Sind Sie gesundheitsbewusst?

Gar nicht	Wenig	Mittel	Ziemlich	Sehr
○	○	○	○	○

Frage 27: Persönliche Einstellung – Lebensstil

Persönliche Einstellung - Lebensstil

27. Führen Sie einen gesunden Lebensstil?

Gar nicht	Wenig	Mittel	Ziemlich	Sehr
○	○	○	○	○

Frage 28: Persönliche Einstellung – Technik

Persönliche Einstellung - Technik

28. Interessieren Sie sich für Entwicklungen im Internet- und Mobilfunkbereich?

Gar nicht	Wenig	Mittel	Ziemlich	Sehr
○	○	○	○	○

Frage 29: Internetnutzung – Nutzungshäufigkeit

Internetnutzung - Nutzungshäufigkeit

29. Wie häufig nutzen Sie das Internet?

- Mehrmals täglich
- Täglich
- Mehrmals pro Woche
- Ein paar mal im Monat
- Seltener

Frage 30: Demographie – Geschlecht

Demographie - Geschlecht

30. Sie sind ... *

- Männlich
- Weiblich

Frage 31: Demographie – Alter

Demographie - Alter

31. In welchem Jahr sind Sie geboren?

-- Bitte auswählen --

Frage 32: Demographie – Bildung

Demographie - Bildung

32. Welchen höchsten Schulabschluss haben Sie?

- Keinen allgemeinen Schulabschluss
- Haupt-/Volksschulabschluss
- Realschulabschluss/Mittlere Reife
- Fachhochschulreife
- Abitur

Ende

Vielen Dank!

Die Befragung ist jetzt beendet - ich schätze es sehr, dass Sie sich die Zeit genommen haben, um sämtliche Fragen zu beantworten.

Wenn Sie noch jemanden kennen, der Interesse an der Umfrage haben könnte, freue ich mich, wenn Sie den Link per facebook, twitter, xing oder Email weiterleiten:

Share |

Vielen Dank für Ihre Teilnahme,

Christopher Funk

SCHRIFTENREIHE MASTERSTUDIENGANG CONSUMER HEALTH CARE

herausgegeben von Prof. Dr. Marion Schaefer

ISSN 1869-6627

1 *Lena Harmann*
Patienteninformation und Shared Decision Making im Lichte des Publikumswerbeverbotes für verschreibungspflichtige Arzneimittel
ISBN 978-3-8382-0056-9

2 *Janna K. Schweim*
Untersuchungen zum Arzneimittelversandhandel aus Verbrauchersicht
ISBN 978-3-8382-0071-2

3 *Ansgar Muhle*
Deutsche Gesundheitsportale im Netz
Kritische Einschätzung anhand der gängigen Qualitätssiegel
ISBN 978-3-8382-0086-6

4 *Elizabeth Storz*
Psychopharmakamarkt in Deutschland
Eine Untersuchung zu den Strukturveränderungen durch das Arzneiversorgungs-Wirtschaftlichkeitsgesetz (AVWG)
ISBN 978-3-8382-0109-2

5 *Ursula Sellerberg*
Heilpflanzen-Datenbanken im Internet
Eine kritische Untersuchung anhand verbraucherrelevanter Kriterien
ISBN 978-3-8382-0092-7

6 *Rüdiger Kolbeck*
Arzneimittelfälschungen auf globaler und nationaler Ebene
Eine Studie über das Problembewusstsein bei Patienten und Experten
ISBN 978-3-8382-0155-9

7 *Silke Lauterbach*
Das diabetische Fußsyndrom
Ein Ratgeber zur Identifizierung von Risikopatienten in der Apotheke
ISBN 978-3-8382-0182-5

8 *Judith Rommerskirchen*
Die Arzneimittelrabattverträge der gesetzlichen Krankenversicherungen
Eine Studie über Probleme bei ihrer Umsetzung an der Schnittstelle von Arzt und Apotheker
ISBN 978-3-8382-0253-2

9 *Verena Purrucker*
Möglichkeiten und Grenzen von Franchisesystemen in der zahnärztlichen Versorgung in Deutschland
ISBN 978-3-8382-0186-3

10 *Stefan Prüller*
Risiken und Nebenwirkungen auf der Spur
Konsumentenberichte über unerwünschte Arzneimittelwirkungen als Chance für Krankenkassen
ISBN 978-3-8382-0318-8

11 *Denny Lorenz*
Development of a Standard Report for Signal Verification on Public Adverse Event Databases
ISBN 978-3-8382-0432-1

12 *Kerstin Bendig*
Risikomanagement in der Arzneimittelsicherheit
Ansätze zur Effektivitätsbewertung von Risikominimierungsmaßnahmen in den USA und Europa im Vergleich
ISBN 978-3-8382-0438-3

13 *Dirk Klintworth*
Reporting Guidelines und ihre Bedeutung für die Präventions- und Gesundheitsförderungsforschung
ISBN 978-3-8382-0448-2

14 *Judith Weigel*
Schwangerschaft bei Frauen mit und ohne Autoimmunerkrankungen
Ein Vergleich hinsichtlich der mütterlichen Charakteristika und des Ausgangs der Schwangerschaft
ISBN 978-3-8382-0468-0

15 *Christopher Funk*
Mobile Softwareanwendungen (Apps) im Gesundheitsbereich
Entwicklung, Marktbetrachtung und Endverbrauchermeinung
ISBN 978-3-8382-0493-2

Abonnement

Hiermit abonniere ich die **Schriftenreihe Masterstudiengang Consumer Health Care (ISSN 1869-6627),** herausgegeben von Prof. Dr. Marion Schaefer,

❒ ab Band # 1

❒ ab Band # ___

  ❒ Außerdem bestelle ich folgende der bereits erschienenen Bände:

  #___, ___, ___, ___, ___, ___, ___, ___, ___, ___, ___, ___

❒ ab der nächsten Neuerscheinung

  ❒ Außerdem bestelle ich folgende der bereits erschienenen Bände:

  #___, ___, ___, ___, ___, ___, ___, ___, ___, ___, ___, ___

❒ 1 Ausgabe pro Band   ODER   ❒ ___ Ausgaben pro Band

Bitte senden Sie meine Bücher zur versandkostenfreien Lieferung innerhalb Deutschlands an folgende Anschrift:

Vorname, Name: ___________________________

Straße, Hausnr.: ___________________________

PLZ, Ort: ___________________________

Tel. (für Rückfragen): ______________ *Datum, Unterschrift:* ______________

Zahlungsart

❒ *ich möchte per Rechnung zahlen*

❒ *ich möchte per Lastschrift zahlen*

bei Zahlung per Lastschrift bitte ausfüllen:

Kontoinhaber: ___________________________

Kreditinstitut: ___________________________

Kontonummer: ______________ Bankleitzahl: ______________

Hiermit ermächtige ich jederzeit widerruflich den ***ibidem***-Verlag, die fälligen Zahlungen für mein Abonnement der **Schriftenreihe Masterstudiengang Consumer Health Care** von meinem oben genannten Konto per Lastschrift abzubuchen.

Datum, Unterschrift: ___________________________

Abonnementformular entweder **per Fax** senden an: **0511 / 262 2201** oder 0711 / 800 1889
oder als **Brief** an: ***ibidem***-Verlag, Julius-Leber Weg 11, 30457 Hannover oder
als e-mail an: ibidem@ibidem-verlag.de

***ibidem*-Verlag**

Melchiorstr. 15

D-70439 Stuttgart

info@ibidem-verlag.de

www.ibidem-verlag.de
www.ibidem.eu
www.edition-noema.de
www.autorenbetreuung.de

Zeitfracht Medien GmbH
Ferdinand-Jühlke-Straße 7
99095 Erfurt, Deutschland
produktsicherheit@kolibri360.de